Erfolg
durch
spirituelles
Marketing

Romano Schalekamp

Erfolg durch spirituelles Marketing

DEVAS

Aus dem Französischen ins Deutsche übersetzt von
Reto Gustin, Zürich

Titel der französischen Originalausgabe:
Le succès à travers le marketing spirituel

Erschienen bei:
DEVAS Editions S.A., ©DEVAS Editions S.A.

1. Auflage 1998
ISBN 2-88465-005-9

Zeichenkunst: Romaine Bovier, Réchy
Umschlaggestaltung: Majuscule, Sierre
Satz: Majuscule, Sierre
Druck: Arts graphiques Schoechli, Sierre
Dieses Buch wurde in der Schweiz gedruckt

Inhalt

Dank

Meine tiefste Dankbarkeit gilt allen Menschen, die mich in meinem unmittelbaren Umfeld oder aus der Ferne unterstützt und so zum Entstehen dieses Buches beigetragen haben.

Mein ganz besonderer Dank geht an:

meine Frau und meine Kinder,
meine Schwester und meine Eltern
und all meine Lehrer und Dozenten.

Schließlich möchte ich auch der universellen Energie danken, auf die ich mich in Zeiten des Zweifels, bei meiner inneren Suche und bei der Arbeit an diesem Buch stützen konnte.

Vorwort

Bei meiner Arbeit als Marketingberater und Verkaufsoptimierer konnte ich oft beobachten, daß es im Marketingbereich nicht mehr genügt, sich nur an einer rein wissenschaftlichen und kartesischen Sichtweise zu orientieren. Die Entwicklung des Unternehmens hängt auch von anderen Elementen ab. Und genau über diese Elemente sollte häufiger gesprochen werden.

Aufgabe der Leitung eines Unternehmens ist es, das Unternehmen zum Erfolg zu führen. Ein Unternehmen ist ein komplexes System, das oft von den verschiedensten Einflußfaktoren geprägt wird. Wie soll man ein solches System zum Erfolg führen, wenn man sich dabei ausschließlich auf rationale Hilfsmittel beschränkt? Viele erfolgreiche Firmenchefs greifen auf andere Methoden zurück, die ihnen ein neues Verständnis ermöglichen und neue Wege bei der Unternehmensführung eröffnen.
Diese anderen Methoden sind allerdings im eigentlichen Sinn des Wortes gar keine Methoden. Es handelt sich

dabei eher um verschiedene Arten des Denkens, Handelns und Seins. Veränderungen innerhalb eines Unternehmens müssen global vorgenommen werden, da ein Unternehmen wie ein eigenes kleines Universum funktioniert. Das Hauptziel dieses Buches, in dem einige einfache Hilfsmittel und Instrumente vorgestellt werden, ist es, Sie mit meinem Konzept des spirituellen Marketings vertraut zu machen.
Als Grundstruktur für den Aufbau der Marketingstrategie habe ich mich für die Lehre von Professor Kühn entschieden. Zwar können die Marketinglehren anderer Professoren von einem Land zum anderen leicht variieren, die grundlegenden Elemente, auf denen dieses Buch aufbaut, haben aber auf der ganzen Welt Gültigkeit.

Folgen Sie mir auf eine Reise mit dem Ziel der Vereinigung der spirituellen und der rationalen Welt. Betrachten Sie den Inhalt dieses Buches als Möglichkeit, lassen Sie alles beiseite, was Ihnen nichts sagt, und nehmen Sie sich die Ideen und Gedanken heraus, die Sie ansprechen. Prüfen Sie, wie sich meine Vorschläge in der Praxis bewähren.
Falls Sie einen eher rationalen Hintergrund haben, behalten Sie Ihre ersten Eindrücke für sich, denn möglicherweise wird Ihre neue Denkweise von Ihren Kollegen noch nicht akzeptiert. Lassen Sie die kleine Pflanze wachsen und gedeihen, bis sie stark genug ist, um dem stürmischen Wetter des Manageralltags widerstehen zu können.

Falls Ihre bisherigen Erfahrungen hauptsächlich spiritueller Natur sind, haben Sie nun die Möglichkeit, die Vorzüge eines professionellen Marketings unter Achtung spiritueller Grundsätze kennenzulernen.

Die Struktur des Buches ist so aufgebaut, daß Sie ein Projekt von den Anfängen bis zur Kontrolle mitverfolgen können. Jedes beschriebene Element hat seine Wurzeln in meinen persönlichen Erfahrungen und kann von Ihnen auf Ihre eigene Situation angepaßt werden. Im Prolog und im Epilog gebe ich Ihnen einen direkten Einblick in mein Leben.
Ich habe mich absichtlich auf die zentrale Aussage meiner Überlegungen konzentriert und darauf verzichtet, zusätzliche Beispiele anzuführen. Ein konkretes Projekt von der Vision bis zu den operativen Hilfsmitteln wird voraussichtlich Gegenstand meines nächsten Buches sein, das unter dem Titel »Erfolg durch spirituelles Marketing – eine wahre Geschichte« erscheinen wird.

In diesem Sinne wünsche ich Ihnen nun eine spannende Reise durch die Welt des spirituellen Marketings.

Aus Gründen der besseren Lesbarkeit wird darauf verzichtet, bei Substantiven, Adjektiven etc. neben der männlichen auch die weibliche Form anzuführen. Dennoch richtet sich dieses Buch selbstverständlich sowohl an Frauen als auch an Männer.

Prolog

Wie können wir Grenzen überwinden, die wir uns selbst gesetzt haben? Die meisten Grenzen werden vom Menschen selbst festgelegt. Das beginnt bereits in der Schule, wo uns beigebracht wird, daß nur jene Schüler, die hart arbeiten, Aussicht auf Erfolg haben. Aber entspricht diese Theorie tatsächlich der Realität? Haben die Leute, die am meisten arbeiten, wirklich den größten Erfolg im Leben? In der Geschäftswelt gelten jedenfalls andere Spielregeln:

- Wer zwischen Wichtigem und weniger Wichtigem unterscheiden kann, hat einen bedeutenden Vorteil.
- Wer seine Arbeit von Anfang an gut machen will, spielt vorne mit.
- Wer positiv denkt, kann sich selbst und sogar ein ganzes Team günstig beeinflussen.
- Wer die anderen respektiert und Unterschiede toleriert, aber

dennoch hinter seinen eigenen Ideen steht, wird geschätzt.

- Wer eine bestimmte Idee hat und sie verfolgt, ist näher am Erfolg als jener, der nicht weiß, wonach er sucht.

Menschen mit Visionen werden von der Gesellschaft oft als »Spinner« belächelt. So verstehen zum Beispiel die meisten Leute nicht, wieso jemand das Risiko eingeht, freiwillig eine sichere Stelle zu kündigen und sich selbständig zu machen.

Zwei bedeutende Ereignisse in meinem Leben haben mich dazu gebracht, dieses Buch zu schreiben:
Ende 1994 arbeitete ich als Prokurist in der Marketing- und Verkaufsabteilung eines international tätigen Unternehmens, das sich mit der Produktion von Halbfabrikaten beschäftigte. Mit meinem Gehalt, den Arbeitsbedingungen, der Entscheidungsfreiheit, die ich genoß, und der Zusammenarbeit im Team konnte ich äußerst zufrieden sein. Allerdings machte ich eine gewisse Lähmung auf Seiten der Geschäftsleitung aus, die zwar viele gute Ideen hervorbrachte, aber aus verschiedenen Gründen Mühe hatte, die einzelnen Projekte zu Ende zu führen. Trotz meiner angenehmen beruflichen Situation wünschte ich mir eine andere Arbeit mit mehr Verantwortung und eine neue Herausforderung und beschloß deshalb, mich als Unternehmensberater selbständig zu machen.
Ich wandte mich an eine renommierte Unternehmens- und Personalberatung in der Deutschschweiz, um mich über

die beste Möglichkeit für eine berufliche Weiterentwicklung zu informieren. Der Personalberater hatte sich die Zeit genommen, meine Unterlagen zu prüfen, und empfahl mir im Verlaufe unseres etwa halbstündigen Gesprächs, mein Curriculum vitae mit der höchsten Ausbildungsstufe im Marketingbereich, dem vom schweizerischen Bundesamt für Industrie, Gewerbe und Arbeit ausgestellten Titel »diplomierter Marketingleiter«, zu ergänzen. Der nächste Termin für die entsprechenden Prüfungen, die alle zwei Jahre durchgeführt werden, war im August 1995.

Statt mir den Weg in eine neue Richtung zu zeigen, ermutigte mich mein Berater also, mich in meinem angestammten Feld weiterzubilden. In dieser Phase der Neuorientierung faßte ich den Entschluß, mich für die nächste Prüfung anzumelden. Allerdings wußte ich zu jenem Zeitpunkt noch nicht, daß sich die Vorbereitung auf das Examen über eineinhalb Jahre erstreckte und daß die Zulassungsbedingungen sehr streng waren (acht Jahre Erfahrung im Marketingbereich, davon vier Jahre in einer leitenden Stellung).

Ich machte mich auf die Suche nach einer Schule, die Kandidaten auf diese Prüfung vorbereitete. Leider hatten die Vorbereitungskurse an allen Schulen bereits begonnen, und es war unmöglich, den Rückstand aufzuholen. Zunächst suchte ich nur Kurse in deutscher Sprache, da es mir logisch schien, die Prüfung in meiner Muttersprache abzulegen. Nach einigen Absagen wandte ich mich an eine Informationsstelle in Lausanne, die mir eine Schule angab, an der diese Ausbildung auf französisch angeboten wurde. Leider hatten die Kurse auch an diesem Institut bereits im Oktober 1994 begonnen, so daß ich auch hier auf meine erste Anfrage einen abschlägigen Bescheid erhielt. Der Schuldirektor wollte keinen Schüler nachziehen, der mit Verspätung in die Klasse einstieg. Trotz meiner Enttäuschung nach dieser Absage rief ich ihn nochmals an und hakte nach. Ich sagte mir, es müßte doch möglich sein, drei verpaßte Monate aufzuholen. Tatsächlich durfte ich mein Anliegen am frühen Morgen des nächsten Tages noch einmal persönlich bei ihm vorbringen und erhielt schließlich die Erlaubnis, an den Kursen teilnehmen zu dürfen.

Erst im Verlaufe dieses Gesprächs erfuhr ich, daß zum ersten Mal Kandidaten aus der französischen Schweiz an diesem Examen teilnehmen würden. Die Schule hatte daher kaum Erfahrung in bezug auf die Prüfungsvorbereitung, und die Lehrer wußten nicht genau, welche Anforderungen wir zu erfüllen hatten.

Im Januar 1995 begann für mich das Abenteuer. Zwölf Kandidaten nahmen an den Kursen teil, und schon bald spürte ich bei den anderen und bei mir selbst eine gewisse Unsicherheit. Einige Teilnehmer kritisierten andauernd die Schule und beklagten wiederholt die fehlende Methodik des Unterrichts. Bei mir kam hinzu, daß ich die Bestätigung meiner Prüfungszulassung erst Mitte Februar erhielt. Diese Zeit der Ungewißheit sollte bis Ende März, dem Termin für die offizielle Einschreibung, anhalten. Von den zwölf Kandidaten wurden nur sieben zur

Prüfung zugelassen. Alle anderen fühlten sich nicht dazu bereit oder konnten die gestellten Bedingungen nicht erfüllen. Nachdem ich meine offizielle Anmeldung per Einschreiben abgeschickt hatte, gab es kein Zurück mehr. Ich mußte diese Chance unbedingt wahrnehmen.
Als erstes sorgte ich für eine gesunde Lebensweise – ausgewogene Ernährung, kein Alkohol, ein wenig Sport. Ich stellte einen genauen Plan auf und nutzte die Kraft des positiven Denkens in Form einiger kurzer Texte. Nach und nach gelang es mir, von der Überzeugung »Es ist unmöglich« zur Überzeugung »Es ist möglich« zu kommen.

Während der gesamten Vorbereitungsphase benutzte ich die Methode der Autosuggestion. Dazu sprach ich jeden der folgenden Texte, die ich zehn- bis fünfzehnmal wiederholte, auf eine Kassette mit klassischer Hintergrundmusik. Diese Kassette hörte ich mir jeden Abend beim Einschlafen an und entspannte mich dazu.

Ich begann mit einer ersten Version. Jedes Wort zielte darauf ab, die Selbstzweifel zu verringern.

> Ich bin ruhig und entspannt. Ich bin voller Zuversicht. Ich fühle mich gut und bin in Form. Die innere göttliche Weisheit leitet mich und gibt mir Kraft, Ruhe und Vertrauen. Ich finde das Gleichgewicht zwischen meiner Arbeit, meiner Familie, meinen Studien und meiner Freizeit.

Im Marketingbereich fühle ich mich wohl. Im Französischen kann ich mich genau und präzise ausdrücken. Es gefällt mir, zu lernen, an Fallstudien zu arbeiten und schriftliche Informationen rasch aufzunehmen.

Die Prüfung läuft sehr gut. Ich bin entspannt, ruhig und effizient. Ich habe alles unter Kontrolle. Bei der Diplomfeier applaudiert der ganze Saal.

Nach einigen Monaten änderte ich den Text leicht ab.

Ich bin ruhig und entspannt. Ich bin voller Zuversicht.
Ich fühle mich gut und bin in Form.
Die innere göttliche Weisheit leitet mich und gibt mir Kraft, Ruhe und Vertrauen.

Die Prüfung läuft sehr gut. Ich bin entspannt, ruhig und effizient. Der Prüfungsfall ist klar geschildert, und ich verstehe ihn ausgezeichnet. Ich weiß sofort, welche Strategie ich für meine Antwort wählen werde.
Meine Antworten auf die gestellten Fragen sind professionell, präzise und vollständig. Ich teile meine Zeit gut ein und habe alles unter Kontrolle.

Meine Ergebnisse gehören zu den besten. Bei der Diplomfeier applaudieren alle.
Ich nehme mein Diplom zufrieden, glücklich und strahlend in Empfang.

Vor den mündlichen Prüfungen paßte ich den Text erneut an.

> Ich bin ruhig und entspannt. Ich bin voller Zuversicht. Ich fühle mich gut und bin in Form.
> Die innere göttliche Weisheit leitet mich und gibt mir Kraft, Ruhe und Vertrauen.
>
> Alle Gespräche laufen sehr gut. Die Atmosphäre ist angenehm. Die Diskussion mit den Experten verläuft interessant und animiert. Ich verstehe die Fragen ausgezeichnet. Meine Antworten auf die gestellten Fragen sind professionell, präzise und kompetent. Meine Präsentation ist gut, ich bin ruhig und habe alles unter Kontrolle.
>
> Meine Ergebnisse gehören zu den besten. Bei der Diplomfeier applaudieren alle.
> Ich nehme mein Diplom zufrieden, glücklich und strahlend in Empfang.

Diese Sätze bildeten für mich eine Grundlage, ein Fundament, einen Referenzpunkt und halfen mir dabei, alle Hebel in Bewegung zu setzen, um mein Ziel zu erreichen. Die Kurse fanden jeweils am Samstag und manchmal zusätzlich am Sonntag statt. Daneben mußte ich zu Hause lernen und mit alten Prüfungsfällen üben. Meine Familie unterstützte mich und gewährte mir die vielen Stunden, die ich benötigte, um mich vorzubereiten. Da ich morgens effizienter war, stand ich jeden Tag um fünf

Uhr auf, um zu lernen. Nach und nach begann ich mich immer sicherer zu fühlen und daran zu glauben, daß ich diese Prüfung bestehen würde.

In unserer Klasse war die Unsicherheit weiterhin allgegenwärtig. Verschiedene Unterlagen fehlten, einige Lehrer unterrichteten am eigentlichen Thema vorbei, und die Korrekturen der Fallbeispiele nahmen zuviel Zeit in Anspruch.

Am Ende waren es aus unserem Kurs nur noch vier, die sich an die Prüfung wagen wollten. Die anderen hatten aus verschiedenen persönlichen Gründen aufgegeben.

Nach den Prüfungen mußten wir lange auf die Ergebnisse warten. Anfang November wurde mir mitgeteilt, daß ich bestanden hatte. Ich rief sofort einen Freund an, von dem ich wußte, daß er besser vorbereitet war als ich. Leider war er, wie auch die beiden anderen, durchgefallen. Normalerweise liegt die Erfolgsquote bei dieser Prüfung zwischen 50 und 60 %. Ich war überrascht und glücklich, mein Ziel erreicht zu haben, aber gleichzeitig bedauerte ich das Scheitern meiner Kollegen und Freunde. Aufgrund ihres Abschneidens erwartete ich eine knapp genügende Note.

Die Bekanntgabe der Ergebnisse und die Verleihung der Diplome fanden im Januar 1996 statt. Die Kandidaten, welche die Prüfung bestanden haben, werden in alphabetischer Reihenfolge aufgerufen, mit Ausnahme jener, die auf der Notenskala von Eins bis Sechs eine Note über Fünf erreicht haben. Man kann sich meine Überraschung und meine Freude vorstellen, als mein Name an dritter

Stelle aufgerufen wurde. Unter den rund einhundert erfolgreichen Kandidaten hatten drei die Bestnote erhalten – und ich war einer von ihnen.
Ich hatte mit Sicherheit nicht mehr gearbeitet als meine Kollegen, aber ich glaube, daß es mir einfach gelang, **alle** für das Erlangen dieses Diploms nötigen Elemente zu meinen Gunsten einzusetzen. »Alle« soll heißen: meine Erfahrung, die Zeit, die ich zum Lernen aufwandte, die ausgewogene Ernährung, die Harmonie im Rahmen meiner Familie, die feste Überzeugung, daß ich mein Ziel erreichen würde, sowie mein Glaube an die göttliche Hilfe und Vorsehung.

Das zweite Ereignis, über das ich berichten möchte, war der Beginn meiner Tätigkeit als Marketingberater und Verkaufsoptimierer. Hin und wieder kaufe ich spontan eine Zeitung, die mir gerade ins Auge springt. So war es auch am 20. Januar 1996, als ich mir ohne besonderen Anlaß die »Neue Zürcher Zeitung« kaufte. Darin stieß ich, nicht einmal zwei Wochen, nachdem ich mein Diplom erhalten hatte, aus »Zufall« auf eine Anzeige, die mich sofort ansprach. Titel der Anzeige war: »Werden Sie Unternehmer als selbständiger Partner«. Es ging dabei um einen Franchisegeber, der Partner für Beratung, Training und Moderation in Marketing und Verkauf suchte. Ich war bis zu diesem Zeitpunkt hin- und hergerissen zwischen dem Traum, Berater und Ausbildner zu werden, und dem Wunsch, mich selbständig zu machen, mit allen Risiken, die dieser Entschluß mit sich bringt.

Nun sah ich die Möglichkeit, beides zu verbinden.
Dieses interessante Angebot und die immer schwieriger werdende Situation in bezug auf meinen Arbeitgeber halfen mir, eine klare Entscheidung zu treffen. Unter verschiedenen Möglichkeiten der Selbständigkeit wählte ich schließlich – nachdem ich mich mit meiner Familie besprochen hatte – den Weg, selbständiger Partner im Rahmen dieses Franchisesystems zu werden.
Unmittelbar nachdem ich meine Zustimmung zu diesem Schritt gegeben hatte, blockierte meine rechte Schulter. Ich mußte zu jener Zeit in den militärischen Wiederholungskurs einrücken, wo ich die Schulter die gesamten drei Wochen lang nicht bewegen konnte. Der Arzt konnte keine Diagnose stellen. Mit etwas Abstand wurde mir dann aber klar, was die verspannte Schulter bedeutete.
Auf meinen Schultern lastete die Verantwortung für meine ganze Familie. Durch unser eigenes Haus hatten wir bereits gewichtige finanzielle Verpflichtungen, und das Risiko, das ich nun einging, schien mir enorm. In meinem Umfeld wurden Fragen laut: Bist du sicher, daß du die richtige Entscheidung getroffen hast? Wieviel wird dich das kosten? Wieso verzichtest du in diesen wirtschaftlich schwierigen Zeiten auf deine sichere Stelle?
Zum Zeitpunkt meines Entschlusses wußte ich nicht, ob mein Schritt ins Ungewisse zwanzig Zentimeter (also eine normale Treppenstufe) oder zwanzig Meter messen würde. Ich hatte Angst und fühlte mich blockiert. Deshalb verspürte ich das Bedürfnis, erneut die Kraft des positiven Denkens zu nutzen.

Dazu schrieb ich mir die folgenden Sätze auf.

> Ich bin ruhig und entspannt. Ich bin voller Zuversicht. Die innere göttliche Weisheit leitet mich auf meinem spirituellen Weg. Ich bin ein Kind des Universums. Das Universum lebt in mir und beseelt mich.
>
> Ich helfe Menschen und Unternehmen. Durch meine inspirierten Ratschläge sind meine Kunden in ihren Bereichen erfolgreich. Die Seminare sind ein voller Erfolg. Die Teilnehmer erfahren eine Bereicherung auf allen Ebenen.
>
> Ich habe Erfolg auf der ganzen Linie, und mein Terminkalender ist voll. Meine Kunden empfehlen mich bei ihren Freunden weiter. Ich danke dem Universum, meinem Schöpfer und den anderen Wesen des Lichts für dieses wunderbare Geschenk.

Durch globales Vorgehen und professionelle Arbeit wurde ich in fünf Monaten zu einem sehr erfolgreichen Partner. Mein Schritt ins Ungewisse erwies sich als Erklimmen einer gewaltigen Treppenstufe.

Die Gründe für diesen Erfolg werden in diesem Buch beschrieben. Ich lade Sie nun ein, mit mir zusammen mitten ins Thema einzusteigen. Dazu möchte ich zuerst den Titel »Erfolg durch spirituelles Marketing« definieren, ein Titel, der vielleicht in den Ohren mancher recht überraschend, verwirrend oder widersprüchlich klingen mag. Doch auch scheinbar gegensätzliche Wörter können eine unzertrennliche Einheit bilden – wie das Yin und das Yang!

Erfolg durch spirituelles Marketing

Als erstes sollten wir die einzelnen Elemente des Titels dieses Buches analysieren und uns über die Bedeutung jedes Wortes klarwerden, bevor wir den Ausdruck als Einheit weiterverwenden, denn oft scheinen die Begriffe »Erfolg« und »Marketing« mit einer spirituellen Einstellung nicht vereinbar zu sein.

I Erfolg

Welches ist unser höchstes Ziel? Was wollen wir in unserem Leben erreichen? Manche Leute streben danach, in ihrem Leben finanziellen Reichtum, einen Eintrag in die Geschichtsbücher, die Anerkennung anderer oder ähnliche Ziele zu erreichen.
Meiner Meinung nach kann all das nicht unser Endzweck sein. Auf dem Sterbebett werden wir wahrscheinlich unser

Leben Revue passieren lassen und uns über andere Aspekte als finanziellen Reichtum, geschichtlichen Ruhm oder gesellschaftliche Anerkennung Gedanken machen. In diesen Momenten werden wir uns die wirklich wichtigen Fragen über unser Dasein stellen. Habe ich meinen Lebensweg gefunden? Habe ich anderen Menschen Liebe, Verständnis und Mitgefühl entgegengebracht? Kann meine Familie dank meines spirituellen Erbes in Harmonie weiterleben? Vielleicht stellt sich sogar die Frage: Werde ich ins »Paradies« kommen?
Wir müssen uns bewußt sein, was der wahre Sinn des Lebens ist. Nur dann ist es möglich, persönlichen Erfolg einschätzen zu können.

Wir sehen also, daß manchen Menschen Reichtum, Ruhm und Anerkennung keine Befriedigung gibt. Gilt dies nun auch für Unternehmen? Was ist der Sinn der Existenz einer Firma? Für viele Unternehmen sind der Shareholder value (Wertzuwachs für die Aktionäre) sowie die Zufriedenheit des Kunden und jene der Mitarbeiter die wichtigsten Ziele. Innerhalb dieses empfindlichen Gleichgewichts steht die finanzielle Optimierung, die sich im Wert des Unternehmens für die Aktionäre spiegelt, gegenüber den anderen beiden Zielen oft im Vordergrund. Aber um den Fortbestand des Unternehmens zu sichern, ist die Zufriedenheit der Mitarbeiter von genau so großer Wichtigkeit wie die Einnahmen.
Noch wichtiger scheint mir allerdings, zu untersuchen, welchen Wert das Unternehmen für seine Kunden schafft.

Was ist der wahre Sinn der Existenz unserer Firma? Wieso kauft ein Kunde bei uns? Mit den Antworten auf diese Fragen wird es uns möglich sein, eine klare Vision zu entwickeln, die auch spirituelle Werte berücksichtigt.

II Durch

Wir haben festgestellt, daß Erfolg der Endzweck, das höchste Ziel ist, ein Ziel, das wir global betrachten müssen, um zum wahren Sinn der Existenz unseres Unternehmens zu gelangen. Sobald wir den wahren Sinn und das Hauptziel kennen, suchen wir natürlich nach den geeigneten Hilfsmitteln. Das spirituelle Marketing ist eines dieser Hilfsmittel, **durch** die wir zum Erfolg kommen können.

III Spiritualität

Laut Duden bedeutet **Spiritualität**: »Geistigkeit; inneres Leben, geistiges Wesen«.
Spiritualität ist aber auch eine Lebenseinstellung, ein Weg hin zum Universellen, zum Göttlichen – der Ursprung allen Seins. Der Begriff wird oft im Zusammenhang mit religiösen Belangen verwendet. Außerhalb der konventionellen theologischen Lehre wird Spiritualität auch als »New Age« (Neues Zeitalter) bezeichnet oder in Verbindung mit Esoterik und Sekten gebracht. Viele Menschen

auf der Suche nach einem wahren spirituellen Weg informieren sich heutzutage umfassend, um zu entdecken, was auf dem »Markt« angeboten wird, und eine freie Wahl treffen zu können.

Spiritualität wird oft mit Spiritismus oder Esoterik verwechselt, doch es gibt klare Unterschiede.
Spiritismus ist der Glaube an Geister. Der Duden definiert Spiritismus wie folgt: »Glaube an Geister, Beschwörung von Geistern [Verstorbener] bzw. der Kontakt mit ihnen durch ein Medium«.
Okkulte Dinge faszinieren uns, weil sie nur schwer zu erklären sind. Spiritistische Praktiken dienen häufig auch dazu, den Schmerz durch den Verlust eines Menschen zu lindern, oder werden aus Neugier ausprobiert, um zu erfahren, ob es ein Jenseits gibt oder ob die Geisterwelt tatsächlich existiert.
Es ist wichtig, die Menschen, die sich in diesem Bereich bewegen, zu warnen. Die dunklen Kräfte liegen sehr nahe bei der Welt des Lichts. Jeder einzelne muß auf seine innere Stimme hören und selbst spüren, welchen Weg er wählen soll.

Esoterisch hingegen bedeutet laut Duden: »nur für Eingeweihte einsichtig, [geistig] zugänglich«. Der auf alten Überlieferungen beruhende esoterische Bereich erlebt seit zwanzig Jahren ein starkes Wachstum, und überall entstehen neue Strömungen. Die Bandbreite ist enorm, und es wäre daher ungerecht, aufgrund von gewissen zweifelhaften Praktiken die Esoterik im allgemeinen zu verurteilen. Auf ihrer Suche finden viele Menschen über esoterische Erfahrungen auf ihren spirituellen Lebensweg. Die Kirche hat uns gelehrt, allem abzuschwören, was nicht von ihr selbst kommt. Aber haben wir das Recht, über andere Ansichten zu urteilen? Wer außer der betreffenden Person selbst kann den Nutzen esoterischer Praktiken einschätzen?

Im Bereich, der uns interessiert, bedeutet Spiritualität, sich in den Dienst des höchsten Ziels zu stellen und dazu diejenigen Instrumente zu benutzen, die uns helfen, auf unserem Weg voranzukommen. Suchen Sie die für Sie positiven Instrumente selbst. Achten Sie darauf, frei auszuwählen, was gut für Sie ist. Falls Sie esoterische Instrumente in Anspruch nehmen, nutzen Sie sie mit Zurückhaltung, und respektieren Sie Personen mit anderen Überzeugungen.

IV Marketing

Marketing umfaßt die Gesamtheit aller Maßnahmen, die ein Unternehmen intern und auf dem Markt trifft, um die Bedürfnisse des Kunden zu erfüllen und gleichzeitig Profit zu erzielen. Die wichtigsten Teilbereiche des Marketings sind die vollständige Analyse, die Bestimmung der Stärken und Schwächen sowie der Chancen und Gefahren, die strategischen Entscheidungen und die konkrete

Umsetzung der Maßnahmen zur Marktbearbeitung.
Das Wort »Marketing« ist, wie übrigens auch das Wort »Verkauf«, in unserem Sprachgebrauch negativ behaftet. Dieses eigentlich neutrale Wort wird häufig mit gewissen illegalen Geschäftspraktiken in Verbindung gebracht, die nur darauf abzielen, die Kunden zu täuschen, zu betrügen und übers Ohr zu hauen. Während meiner Tätigkeit stieß ich auf zahlreiche Unternehmen aus dem spirituellen Bereich, die nichts von Marketing hören wollten. Diese Unternehmen betrieben eine völlig unprofessionelle Kommunikationspolitik, was zu entsprechend mittelmäßigen Resultaten führte.
Die Bedürfnisse des Kunden zu erfüllen kann niemals negativ sein, wenn das höchste Ziel des Unternehmens positiv ist. Es ist falsch, auf die Dienste des Marketings zu verzichten, nur weil einige Unternehmen damit Mißbrauch treiben. Wir sollten dieses Instrument angemessen und professionell einsetzen, um voll und ganz von seinen unbestreitbaren Vorteilen profitieren zu können.

V Schlußfolgerungen

Nachdem wir nun die Aussage des Titels »**Erfolg durch spirituelles Marketing**« analysiert haben, können wir sehen, daß Marketing und Spiritualität sich durchaus ergänzen und gemeinsam einem höheren Ideal dienen können.

Ein Unternehmen ist ein komplexes System. Ein System

ist definiert als Gesamtheit einzelner Teile, die untereinander verbunden sind und eine gemeinsame Außengrenze haben, während das Adjektiv »komplex« laut Duden bedeutet: »zusammengesetzt; nicht allein für sich auftretend, ineinandergreifend, nicht auflösbar«.

Die Leitung dieser komplexen Systeme ist weiterhin ein schwieriges Unterfangen, für das uns neben den Grundsätzen der modernen Geschäftsführung weitere Fähigkeiten zur Verfügung stehen müssen. Mit der Wahl eines universellen, umfassenden, ja sogar ganzheitlichen Vorgehens können wir auf die Anforderungen unserer Zeit reagieren. Einerseits fehlt uns heute die Zeit, alles zu analysieren, jede Entscheidung sorgfältig abzuwägen und im Krisenfall gerüstet zu sein, weil wir alles schnell erfassen müssen. Andererseits müssen wir aber fähig sein, Abstand zu nehmen, loszulassen und diejenigen Situationen reifen zu lassen, die wir nicht ändern können.
Die Herausforderung liegt nun darin, zu erkennen, wann man agieren und wann man besser nachdenken und abwarten sollte. Ein Leitsatz der Anonymen Alkoholiker faßt diese Herausforderung sehr schön zusammen:

GOTT gebe mir die Gelassenheit,
Dinge hinzunehmen, die ich nicht ändern kann,
den Mut, Dinge zu ändern, die ich ändern kann,
und die Weisheit, das eine vom anderen zu unterscheiden.

Die Vision für unser Unternehmen

In diesem Kapitel geht es um die Bedeutung der Vision und um die Kraft unserer Gedanken, die durch das Kollektiv des Unternehmens vervielfacht werden. »Unternehmen« hat für mich dabei zwei Bedeutungen:

- ein Vorhaben, ein Projekt;

und

- die Organisation, die wirtschaftliche Geschäfts- oder Industrieeinheit.

I Die Suche nach dem höchsten Ziel

Bei der Definition des Wortes »Erfolg« stellte sich uns ja bereits die Frage nach dem **wahren Sinn** der Existenz von Menschen und Unternehmen. Es ist daher Teil der ersten Phase jeder Aktivität, den wahren Sinn, den wir

anstreben, zu definieren. Manchmal braucht es etwas Zeit, dieses höchste Ziel zu finden. Suchen Sie danach, bis Sie sicher sind, es gefunden zu haben.
Definieren wir nun die **Vision**. Was wollen wir konkret erreichen? Unser Vorhaben wird Realität, wenn es für uns selbst wirklich ist. Die Suche nach dem wahren Sinn und die Definition der Vision sind oft iterative Prozesse, das heißt, daß wir diese Prozesse mehrmals durchlaufen müssen.
Formulieren Sie Ihre Vision schriftlich aus, und verwenden Sie dabei kurze, präzise Sätze und bildhafte Worte. Ihre Vision muß einen entschlossenen Charakter haben, darf keinen Rückweg offenlassen und muß bei jeder wichtigen Entscheidung eine Rolle spielen. Wenn Sie im Verlauf Ihrer Tätigkeit Zweifel verspüren, wird sie Ihnen als Leitlinie dienen.

II Die Kraft unserer Gedanken

Unsere Gedanken beeinflussen unser Wohlbefinden, unser Unterbewußtsein, unsere Kollegen, unser Umfeld und haben direkte Auswirkungen darauf, was mit uns geschieht. Man kann also eindeutig sagen, daß unsere Gedanken einen beträchtlichen Einfluß auf die Realität haben.
Sehen Sie sich einmal erfolgreiche Menschen an. Handelt es sich dabei um traurige, pessimistische, übertrieben kritische oder negativ eingestellte Leute? Nein! Diejenigen

Menschen, die anhaltenden Erfolg genießen, sind in der Mehrzahl glücklich, zufrieden, optimistisch und haben eine positive Grundeinstellung. Wie Einstein gesagt hat: »Absicht formt Wirklichkeit«.

Der erfolgreiche Unternehmer ist außerdem »besessen« von einer bestimmten Idee, von einem Traum, den er nicht aufgibt, bis er ihn verwirklicht hat. Diese Vision ist der Motor, der den Unternehmer antreibt.

III Die Vervielfachung durch die Kraft des Kollektivs

Wenn man weiß, daß schon der Wille eines einzelnen Menschen Berge versetzen kann, dann kann man sich vorstellen, wie diese Kraft durch ein Kollektiv, ein Team, das mit vollem Einsatz eine gemeinsame Vision verfolgt, vervielfacht und verstärkt wird!

Ihre Aufgabe ist es deshalb, ein Team zu formen, das seine ganze Kraft in die Erarbeitung und Umsetzung der Vision einbringt.

Die konkrete Vision wird in Teamarbeit entwickelt. Sorgen Sie dafür, daß alle Mitarbeiter ihre Ideen einbringen können. Im Falle eines kleinen Unternehmens oder eines Projekts mit nur wenigen Teilnehmern erarbeiten Sie die Vision zusammen mit allen Beteiligten. Bei größeren Unternehmen oder Projekten entwickeln Sie die Vision im Rahmen eines interdisziplinären Teams mit Vertretern aller Hierarchiestufen. Diese Projektgruppe informiert in einem zweiten Schritt alle Mitarbeiter detailliert über das Ergebnis. Verhindern Sie Informationslücken, wenn Sie den Erfolg Ihres Projekts nicht gefährden wollen.

IV Die praktische Erarbeitung Ihrer Vision

Die folgende Liste, die auf dem im Buch »Grenzgängerin zwischen den Welten« von J. M. Schalekamp beschriebenen Prozeß basiert, faßt die wichtigsten Eckpunkte für die Entwicklung Ihrer persönlichen Vision zusammen. Informieren Sie die Projektgruppe über ihre Vorgehensweise. Respektieren Sie andere Ideen, und setzen Sie sich nicht einfach mit Gewalt durch.

1. **Die Entscheidung**: Halten Sie Ihr höchstes Ziel fest, und treffen Sie in bezug auf das Ziel, das Sie erreichen wollen, eine endgültige, unmißverständliche Entscheidung, die keinen Rückweg offenläßt.
2. **Die Absicht:** Formulieren Sie eine klare und präzise Absicht. Stellen Sie sicher, daß die Absicht in Übereinstimmung mit Ihrem höchsten Ziel steht.
3. **Die Hilfe:** Bitten Sie, je nach Ihrem persönlichen Glauben, Ihren Schutzengel, Gott, die universelle Energie, Christus, Buddha oder Ihre inneren geistigen Helfer um Unterstützung. Vergessen Sie nicht, für die erhaltene Hilfe zu danken. Respektieren Sie unterschiedliche Ansichten im Team.

4. **Die Verbindung:** Versuchen Sie, durch einfache Meditation mit Ihrem Innern in Verbindung zu treten. Achten Sie auf Bilder, Ideen und alles andere, das Sie dabei inspiriert.

5. **Sätze, Bilder und Gefühle:** Die Bedeutung der bildhaften Sprache wurde zuvor bereits erwähnt. Der Mensch hat sich zwar daran gewöhnt, durch Wörter und Sätze zu lernen. Doch in Wirklichkeit sprechen unser Wesen und unser Unterbewußtsein viel besser auf Gefühle und – selbst erlebte oder vorgestellte – Bilder an. Deshalb: Visualisieren Sie Ihre Vision. Nutzen Sie die positiven Gefühle, die Sie mit diesen Bildern oder Vorstellungen verbinden, und lassen Sie so Ihre Vision noch konkreter werden.

6. **Vision und Licht:** Stellen Sie sich mit viel Licht erhellte Situationen vor. Wiederholen Sie diese Visualisierung täglich, und weiten Sie in Ihrer Vorstellung das Licht auf alle an Ihrem Projekt beteiligten Personen aus.

7. **Die Kommunikation:** Machen Sie Ihre so entwickelte Vision durch Informationssitzungen, Bekanntmachungen, Anschläge etc. allen zugänglich. Sie können auch eine »Charta« ausarbeiten, die Ihnen als operatives Hilfsmittel für Ihr Projekt oder Ihr Unternehmen dienen wird.

Dazu einige Ratschläge:

1. Nehmen Sie sich Zeit! Ihre Vision muß von Grund auf geschaffen werden, ein Prozeß, der einfach gewisse Zeit

braucht. Erinnern Sie sich jeden Tag an das Ziel, das Sie erreichen wollen. So bleiben Sie während der gesamten Entwicklungsphase empfänglich für Anregungen und Informationen, die ihrer Vision dienen können.

2. Wiederholen Sie die Vision immer wieder! Machen Sie aus ihr ein Credo, das Sie zusammen mit Ihrem Team häufig wiederholen.

3. Halten Sie sich an die ursprüngliche Formulierung! Wenn Sie Ihre Sätze, Bilder und Gefühle einmal gefunden haben, nehmen Sie während einer bestimmten Zeit keine Veränderungen mehr vor. Wenn Sie die Formulierung zu oft ändern, wird ihre positive Wirkung schwächer. Außerdem laufen Sie dadurch Gefahr, daß Ihre Teamkollegen Ihnen nicht mehr folgen können.

4. Überwinden Sie Krisen! Wahrscheinlich werden Sie sich nach einigen Wochen oder Monaten in Frage stellen und am Nutzen der Sache zweifeln. Überwinden Sie diese Phase, die oft nichts anderes als das letzte Hindernis vor der Verwirklichung der Vision darstellt.

5. Seien Sie zuversichtlich! Praktizieren Sie anhaltende Zuversicht zwischen alle Beteiligten des Projekts; Ihnen selbst, Ihrem Team und der göttlichen Welt.

V Das System des spirituellen Marketings

Zur Darstellung des spirituellen Marketings schlage ich als

ersten Schritt eine Projektion auf zwei Achsen vor, die anschließend durch eine dritte Dimension vervollständigt wird.

Dieses Gitter wird von zwei Achsen bestimmt:

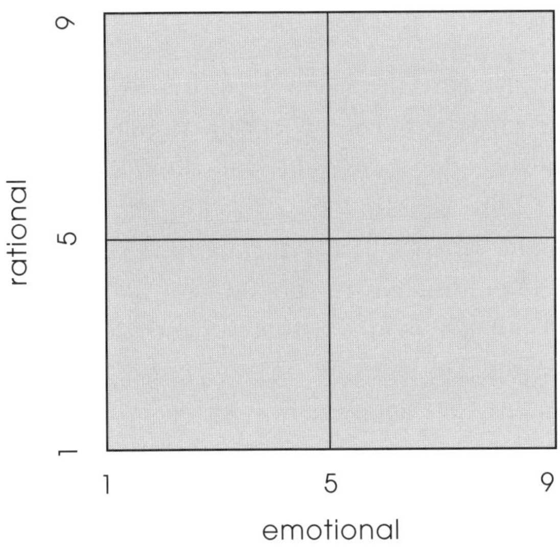

1. Die eine Achse steht für die quantitativen, rationalen Elemente **wie**
   - die wissenschaftliche Struktur des Marktes,
   - der effiziente Einsatz von Instrumenten zur Marktbearbeitung,
   - die finanziellen Ergebnisse,
   - der effektive oder relative Marktanteil etc.

2. Die andere Achse steht für die qualitativen, emotionalen Elemente, **wie**
   - die Werte, die das Unternehmen für die Kunden und die Mitarbeiter schafft,
   - die Zufriedenheit der Kunden,
   - die Zufriedenheit der Mitarbeiter,
   - die Harmonie innerhalb des Unternehmens etc.

Versuchen Sie, ein Gleichgewicht zwischen diesen beiden Achsen zu erreichen. Häufig entspricht die Position 9/9 dem Idealfall, was aber nicht unbedingt für jedes Unternehmen gilt. Um Ihre Idealposition festzulegen, kann es interessant sein, in der Projektgruppe die momentan geltenden Koordinaten zu bestimmen und sich davon ausgehend auf die in drei Jahren angestrebte Position zu einigen. Setzen Sie von nun an Ihre Prioritäten aufgrund dieser beiden klar definierten Positionen, der aktuellen und jener, die Sie erreichen wollen.

Es ist jedoch wichtig, auf ein Gleichgewicht zwischen den beiden Achsen zu achten. Wenn Sie sich zu stark auf die rationale Achse konzentrieren, werden bestimmte Werte vernachlässigt, und Sie werden nur kurzfristigen Erfolg haben. So ist das Hauptziel der großen Fusionen unserer Zeit das rationale Optimum, wobei das Augenmerk besonders auf einer Steigerung der Marktanteile und einer Verbesserung des finanziellen Erfolgs liegt.

Wenn Sie sich hingegen zu stark auf die emotionale Achse konzentrieren, verlieren Sie an Effizienz und Geschäftssinn und werden so zu leichter Beute für die Konkurrenz. Im

Spirituellen Bereich gibt es viele Organisationen, die ein emotionales Optimum anstreben und dabei völlig verdrängen, daß auch rationale Planung Teil ihrer Tätigkeit sein sollte.

Mit diesen beiden Achsen läßt sich unsere Einstellung und die Dualität unseres Denkens (richtig-falsch, schwarz-weiß, gut-schlecht etc.) hervorragend illustrieren. Nachdem wir nun unsere eigene Position im Gitternetz für heute und für morgen gefunden haben, können wir das Modell um eine dritte Dimension erweitern. Dazu verwenden wir das Bild einer Pyramide.

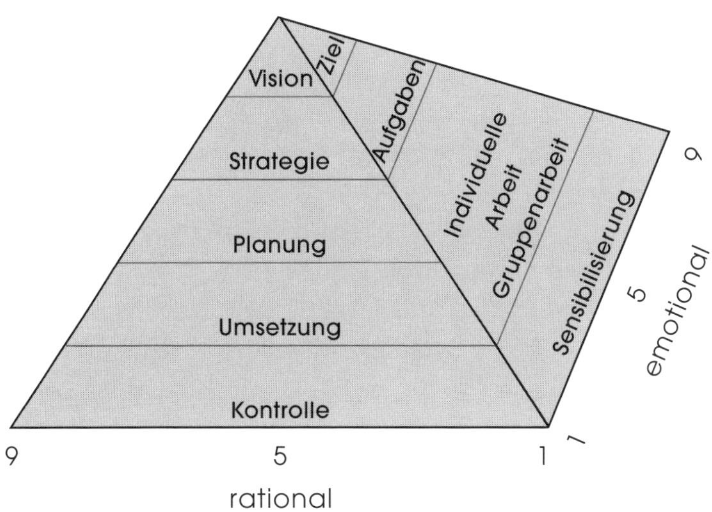

Diese Pyramide besteht aus einer quadratischen Grundfläche und dreieckigen Seitenflächen, die in der Spitze der Pyramide zusammenlaufen. Besonders interessant finde ich die Rolle der Dreiecke, welche die Grundfläche, das Festverwurzelte, Verankerte mit der Spitze, der Vision verbinden. Die Spitze stellt einen gemeinsamen Punkt dar, auf denen alles gerichtet ist, und symbolisiert das erwünschte Resultat unseres Strebens.

An der Spitze der Pyramide steht unser höchstes Ziel, der wahre Sinn unserer Existenz. Wie bereits erwähnt, ist es oft schwierig, eine Harmonie zwischen den beiden Achsen, den rationalen Kenntnissen und der emotionalen Kompetenz, zu finden. Dieses labile Gleichgewicht muß angestrebt werden, sowohl auf individueller Ebene als auch innerhalb eines Unternehmens. Durch die Einführung der dritten Dimension wird diese Herausforderung noch größer.

1. Auf der emotionalen Ebene findet die Entwicklung von unten nach oben statt.
   - Die Basis bildet die **Sensibilisierung**. Neben den rationalen Grundsätzen gibt es auch noch andere Werte. Der einzelne und die Gruppe müssen sich bewußt werden, wie wichtig Emotionen sind. Der Mensch steht im Zentrum aller Überlegungen. Leistungen werden von Menschen vollbracht, nur durch sie kann der Erfolg erzielt werden.

   - Diese Sensibilisierung muß sich im Alltagsleben niederschlagen. Es geht nicht darum, darüber zu reden, sondern konkret zu handeln. Das individuelle Vorgehen und die **individuelle Arbeit** müssen eine solide Grundlage für die **Gruppenarbeit** bilden. Wenn die Mitglieder einer Gruppe zuviel Energie durch ihre Befürchtungen verlieren und wenn sie sich um ihre Anerkennung sorgen, wird es schwierig sein, in der Gruppe eine wirksame Entwicklung zu fördern. Natürlich gibt es eine Interaktion zwischen der individuellen Arbeit und der Gruppenarbeit, die sich gegenseitig beeinflussen und so Fortschritte ermöglichen, falls alle Teilnehmer zu jedem Zeitpunkt die Sensibilität und den Willen dazu in sich spüren.

- Auf dem Weg zu unserem höchsten Ziel werden wir uns sicher fragen, ob wir unser Leben richtig führen. In diesem Moment beginnt die Suche nach **unseren Aufgaben**. Wozu sind wir hier? Was ist unsere Rolle auf der Welt? Auf welche Weise können wir uns nützlich machen? Welche Fähigkeiten müssen wir entwickeln, um vorwärtszukommen? Diese Fragen stellen sich jedem einzelnen und jedem Unternehmen.

- Das **Ziel** ist die Spitze unserer Pyramide. Die Suche nach dem höchsten Ziel muß fortgesetzt werden, sei es durch den einzelnen oder durch das Unternehmen, bis dieses zu einem echten Referenzpunkt geworden ist.

2. Auf der rationalen Ebene findet die Entwicklung von oben nach unten statt.

- Das höchste Ziel und die **Vision** sollten miteinander übereinstimmen, denn nur die Harmonie dieser beiden Elemente garantiert, daß Sie Ihre Strategie erfolgreich umsetzen können. Auch hier gilt, daß sich sowohl die Einzelperson als auch das Unternehmen für diese Harmonie einsetzen muss. Das Projekt wird niemals nachhaltig erfolgreich sein, wenn die Vision des Unternehmens nicht von jedem einzelnen mitgetragen wird.

- Bei der **Strategie** geht es darum, verschiedene mögliche Wege zu suchen und davon jenen auszuwählen, der am ehesten dazu geeignet scheint, Ihre Vision in die Tat umzusetzen.

- Durch die **Planung** erhält Ihre Strategie die für ihre Umsetzung nötige Präzisierung. Jedes Element muß genau geplant werden, um Risiken und unliebsame Überraschungen auf ein absolutes Minimum zu reduzieren – von denen es ohnehin mehr geben wird, als Sie denken.

- Bei der **Umsetzung** ist es wichtig, die Vision und die Strategie niemals aus den Augen zu verlieren, auch wenn die tägliche Arbeit mühselig ist und uns die Sorgen etwas von unserer Begeisterung nehmen.

- Durch die systematische **Kontrolle** sehen wir, was in Ordnung ist und was noch korrigiert werden muß. Dies ist die letzte Etappe des Prozesses. Die operative Prüfung stellt das Ende und gleichzeitig den Anfang eines neuen Zyklus dar, der dazu dient, entweder die unverzichtbaren Korrekturen anzubringen oder ein neues Projekt aufzunehmen. Es gibt also keinen eigentlichen Schlußpunkt, sondern einen ständigen Neubeginn mit dem Zweck, dem höchsten Ziel des einzelnen und des Unternehmens näherzukommen.

Gemäß dem Aufbau der Pyramide des spirituellen Marketings werden wir als nächstes im Einklang mit der Vision und dem höchsten Ziel und aufbauend auf den rationalen und emotionalen Elementen unsere Strategie festlegen.

Wir sind, was wir denken,
Alles, was wir sind, wird in unseren Gedanken geformt.
Mit unseren Gedanken erschaffen wir die Welt.

GAUTAMA BUDDHA

Die Entwicklung der Strategie

In diesem Kapitel entwickeln wir die Struktur der Strategie, wobei wir einige emotionale und spirituelle Exkurse wagen:

Teilaspekte der Strategie		**Exkurse**
I	Analyse der Ausgangssituation Marktstudie	Beobachtung Aktives Zuhören
II	Strategische Positionen	Intuition
III	Wettbewerbsstrategie	Ethik und Moral
IV	Positionierung und Ziele	
V	Marktbearbeitungsstrategie	Zusammenarbeit
VI	Marketinginstrumente	Kreativität
VII	Infrastruktur, Planung und Budget	

I Analyse der Ausgangssituation

Sehen wir uns ein typisches Beispiel für extreme Rationalität an. Viele Unternehmen wollen alles analysieren und beziffern. Nichts soll dem Zufall überlassen werden. Mit Hilfe von Zahlenrastern soll auch das Unberechenbare berechnet werden.

Es ist interessant, zu beobachten, wie zwei verschiedene Personen mit Hilfe einer solchen Matrix dieselbe Situation beurteilen. Beide Personen wählen ihre eigenen Kriterien aus und wägen sie auf ihre Weise ab. Beide Berechnungen und beide Bewertungen sind richtig und verständlich, aber ihre Ergebnisse stimmen nicht überein – weil es nicht nur eine Wahrheit gibt. Jeder der beiden hat seine persönliche Wahrheit gefunden und glaubt, daß sie die einzige ist. Beide haben durch ihre Überzeugungen die Ergebnisse unabsichtlich beeinflußt und sind dennoch der Meinung, eine streng wissenschaftliche Analyse erstellt zu haben.

In unserer heutigen rationalen Welt muß alles beziffert werden. So erhält die Variante »A« die Note »gut«, die Variante »B« die Note »sehr gut«. Ich frage mich wirklich, ob das nötig ist. Ich würde es vorziehen, daß diese beiden Personen sich über ihre Überlegungen und Gefühle unterhalten und zusammen die beste Lösung bestimmen (Konsens).

Um die Ausgangssituation zu verstehen, analysieren wir nun alle kritischen Faktoren, die den Erfolg beeinflussen können. Gleichzeitig müssen wir aber darauf achten, daß wir uns nicht in Einzelheiten verlieren, sondern uns auf die Analyse der für unser Unternehmen wesentlichen Aspekte konzentrieren. Eine solche Liste mit den zu analysierenden Punkten finden Sie in jedem Marketingbuch. Ich möchte deshalb hier nur auf einige Schlüsselelemente hinweisen.

1. Definieren Sie Ihren Markt und dessen Struktur. Verwenden Sie dazu das auf Seite 62 vorgestellte System.
2. Analysieren Sie die Benutzer Ihres Produkts.
3. Untersuchen Sie Überschneidungen Ihrer Teilmärkte (Produktetyp) und Ihrer Marktsegmente (Verbrauchergruppe).
4. Analysieren Sie die äußeren Faktoren (Umwelt) und die externen Beeinflusser.
5. Analysieren Sie die Distribution.
6. Analysieren Sie die Konkurrenz.
7. Analysieren Sie Ihr Unternehmen, und leuchten Sie die Rahmenbedingungen aus.

Fassen Sie die Resultate dieser Analyse zusammen und konzentrieren Sie sich dabei auf:

1. Die größten Stärken und Schwächen Ihres Unternehmens
2. Die größten Chancen und Gefahren des Marktes

3. Die größten Möglichkeiten und Gefahren der Umwelt

Marktstudie

Grundsätzlich unterscheiden wir zwischen zwei Informationsquellen, der Primärforschung (field research) und der Sekundärforschung (desk research).
Bei der Sekundärforschung werden die gewünschten Informationen in bereits bestehenden Quellen gesucht. Dafür stehen interne Quellen (Verkaufs- und Produktionsstatistiken, Planungsdokumente, Untersuchungsberichte etc.) und externe Quellen (offizielle Publikationen, Verbandspublikationen, Fachpresse, wissenschaftliche Berichte etc.) zur Verfügung. All diese Quellen werden zunächst ausgeschöpft, bevor wir uns der Primärforschung zuwenden und die noch fehlenden Informationen vor Ort sammeln.
Bei der Primärforschung wird zwischen qualitativer und quantitativer Forschung unterschieden. Die **qualitative** Forschung will ausführlich, aber ohne Anspruch auf Repräsentativität, die Frage nach dem **Warum** beantworten. Dazu dienen persönliche Interviews oder Gruppendiskussionen, zu denen je nach Thematik auch ein Psychologe hinzugezogen wird.
Die **quantitative** Marktforschung hingegen will Zahlen als Basis für Hochrechnungen ermitteln, um so die Frage nach dem **Was** und dem **Wieviel** zu beantworten. Dies geschieht durch Ad-hoc-Studien (auf Verlangen

des Kunden), Omnibusumfragen (verschiedene Unternehmen mit einem oder mehreren Themen) oder spezielle Untersuchungen, die in der Form von persönlichen, telefonischen oder schriftlichen Befragungen durchgeführt werden.
Die quantitative Marktforschung umfaßt außerdem auch Feld- und Laborbeobachtungen sowie Zählungen.
Beginnen Sie mit einer sorgfältigen Informationsbeschaffung im engsten Umfeld. Achten Sie auf Zeitungsartikel, Berichte und Werbesendungen, um sich bewußt zu werden, daß der größte Teil der benötigten Daten bereits vorhanden ist.
Wenden Sie sich für die danach noch fehlenden Informationen an einen Experten. Er kann Sie genau und schnell über vorhandenes Material (desk) ins Bild setzen und Ihnen erklären, welche Informationen Sie sich durch Primärforschung beschaffen müssen.

Beobachtung

Die Analyse verlangt eine große Beobachtungsfähigkeit. Beobachten Sie **mit Abstand**, **ruhig** und **unvoreingenommen**, und Sie werden einen neuen Blick bekommen für:

- das Funktionieren des Systems (intern und extern),
- das Verhalten der Mitarbeiter,
- die wahren Probleme und ihre Ursachen,

- unausgeschöpftes Potential etc.

Mögliches Vorgehen für die Beobachtung

1. Beobachten Sie soviel wie möglich in Ihrem Unternehmen, auf Ihrem Markt und in dessen Umwelt. Sehen Sie sich im Betrieb um, besuchen Sie Fachmessen etc.

2. Beobachten Sie gleichzeitig auch Dinge wie eine schöne Orchidee, einen schönen Baum, einen Wasserfall, einen Sonnenuntergang, eine Mondfinsternis oder andere Naturereignisse, die Sie begeistern und emotional berühren.

3. Lassen Sie sich von diesen Beobachtungen inspirieren.

4. Schaffen Sie Verbindungen zwischen Ihren verschiedenen Beobachtungen.

5. Halten Sie Klänge, Ideen, Gedanken, Bilder etc. fest, die Ihnen in den Sinn kommen.

6. Lesen Sie Ihre Notizen durch, strukturieren Sie sie, und erzählen Sie einer Vertrauensperson davon.

7. Ziehen Sie Ihre Schlußfolgerungen in bezug auf die Stärken und Schwächen Ihres Unternehmens, die Chancen und Gefahren Ihres Marktes und die Möglichkeiten und Gefahren der Umwelt.

Aktives Zuhören

Das aktive Zuhören ist ein wichtiges Element für eine vollständige Analyse. In der Kommunikationswissenschaft ist »Aktives Zuhören« ein bekannter Begriff, doch leider setzen sehr wenige Unternehmensleiter diese Methode ein, um an Grundinformationen zu kommen. Alle Personen, die sich in Ihrem Marktsystem bewegen (siehe Seite 62), haben Informationen, die für Sie sehr nützlich sein können. Erweitern Sie Ihre Sichtweise, indem Sie auch die Sicht der Personen Ihres Marktsystems kennenlernen. Befragen Sie dazu beispielsweise die folgenden Personen:

- **Die Mitarbeiter:** Nach dem Prinzip des Eisbergs der Unwissenheit kennen die höheren Kaderangestellten nur $1/5$ der vorhandenen Informationen. Die restlichen $4/5$ sind bei den Mitarbeitern an der Basis zu finden. Machen Sie sich auf die Suche nach diesen Basisinformationen!

- **Die Kunden:** Durch Markstudien weiß man viel über die Masse der Kunden. Für einen Unternehmensleiter kann es sich jedoch als sehr interessant erweisen, einigen einzelnen Kunden persönlich Gehör zu schenken. Stellen Sie ihnen Fragen, und Sie werden äußerst interessante Antworten, auch über die Konkurrenz, erhalten.

- **Die Kontaktpersonen bei den Distributionskanälen:** Ihre Handelspartner kennen Sie oft besser, als Sie denken. Sie sind im Bilde, weil sie regelmäßig Kontakt zu Ihren

Mitarbeitern an der Basis haben. Darüber hinaus haben sie Vergleichsmöglichkeiten mit anderen Unternehmen, vor allem auch mit Ihren Konkurrenten.

- **Die Beeinflusser (Opinion Leaders) :** Nehmen Sie sie ernst, denn das erwarten sie aufgrund ihrer Rolle in der Gesellschaft. Geben Sie ihnen mehr und früher Informationen als den anderen, und hören Sie ihnen aufmerksam zu.

- **Die direkten und indirekten Konkurrenten :** Falls Sie nicht bereits Mitglied einer Vereinigung sind, in der sich einige Konkurrenten zusammengeschlossen haben, treten Sie jetzt bei, und beteiligen Sie sich aktiv am Gedankenaustausch. Natürlich geben Sie dabei keine vertraulichen Informationen weiter, aber wenn Sie genau zuhören, werden Sie viel lernen.

Mögliches Vorgehen für das aktive Zuhören

1. Notieren Sie sich die Bereiche, über die Sie mehr erfahren möchten.

2. Bereiten Sie einige offene Fragen vor (ein bis zwei Fragen pro Bereich). Offene Fragen beginnen mit folgenden Wörtern : Wie, Wer, Was, Wieviel, Wo, Welcher, Wann, Warum.

3. Ziehen Sie Ihren Gesprächspartner ins Vertrauen, indem Sie ihm den Grund ihrer Frage erklären.

4. Beginnen Sie mit einer oder zwei einfachen offenen Fragen. Hören Sie sich die Antworten an und signalisieren Sie Ihre Zustimmung (»das ist interessant«, »Aha«, »Ja« etc.). Manchmal entdeckt man bereits in dieser Phase neue Wege und Möglichkeiten.

5. Vertiefen Sie das Gespräch mit weiteren Schlüsselfragen, und nehmen Sie die Antworten aktiv auf. Machen Sie sich Notizen, und achten Sie genau darauf, was Ihr Gesprächspartner wirklich ausdrückt. Oft ist die nonverbale Kommunikation wichtiger als das Gesagte. Beobachten Sie Ihren Gesprächspartner, und interessieren Sie sich für ihn.

6. Lassen Sie einen Dialog entstehen, indem Sie sich von Ihren vorbereiteten Fragen lösen, um die Gesamtheit der Informationen besser verstehen zu können. Regen Sie das Gespräch mit weiteren offenen Fragen an. Reden Sie nicht zuviel und nicht zuwenig.

7. Überprüfen Sie zum Abschluß des Gesprächs die Hauptaussagen Ihres Gesprächspartners, indem Sie ihm »Verifizierungsfragen« stellen. Beispiel: »Ihrer Meinung nach ist also dies das Problem, das wir zuerst lösen müssen?« Danken Sie ihm für das Gespräch.

Eine interessante Grundlage für die Analyse kann das folgende Modell der Marktstruktur sein. *(Das Marktgeschehen als System, Kühn, Seite 21)*

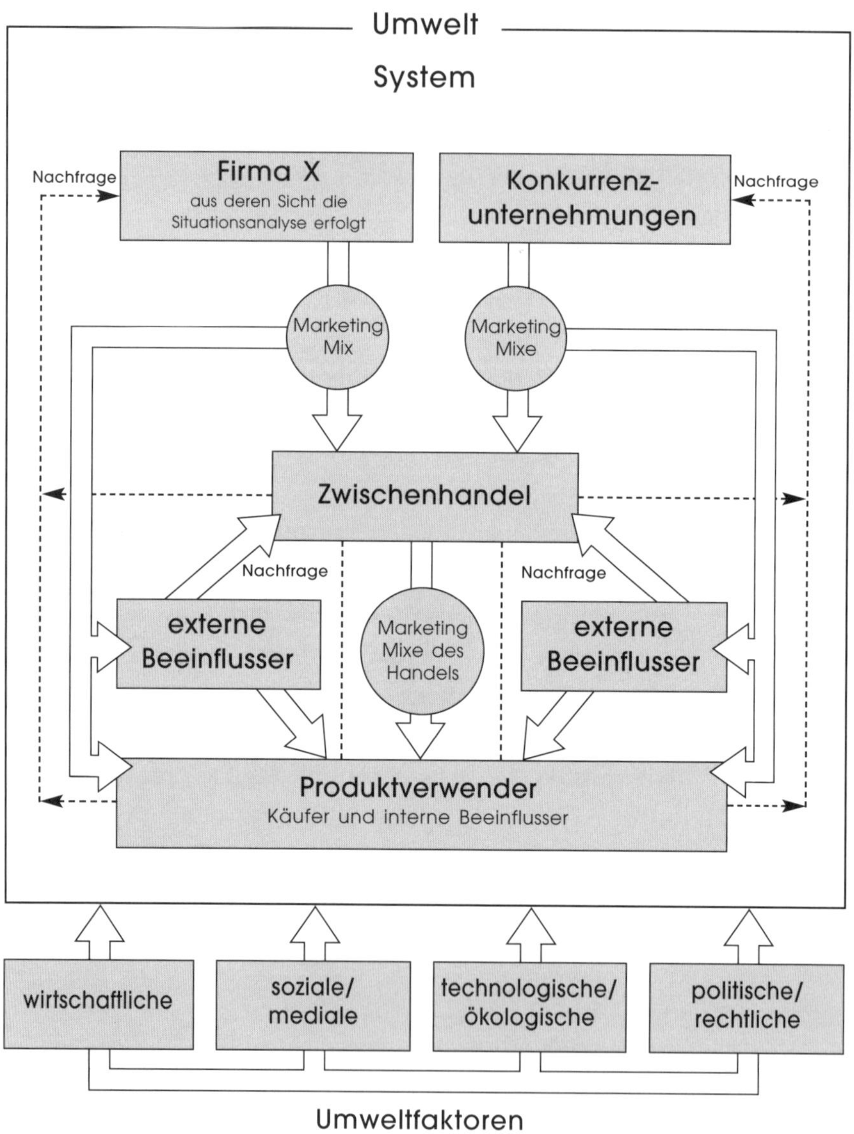
Umwelt
System
Nachfrage
Firma X
aus deren Sicht die
Situationsanalyse erfolgt
Konkurrenz-
unternehmungen
Nachfrage
Marketing
Mix
Marketing
Mixe
Zwischenhandel
Nachfrage
Nachfrage
externe
Beeinflusser
Marketing
Mixe des
Handels
externe
Beeinflusser
Produktverwender
Käufer und interne Beeinflusser
wirtschaftliche
soziale/
mediale
technologische/
ökologische
politische/
rechtliche
Umweltfaktoren

II Strategische Positionen

Mit Hilfe der Analyse konnten Sie sich über die Hauptstärken Ihres Unternehmens, die Marktchancen und die Möglichkeiten der Umwelt klarwerden. Durch die Kombination dieser drei Aspekte können Sie nun eine oder mehrere strategische Positionen definieren. Legen Sie fest, **welcher Zielgruppe** Sie unter optimalem Einsatz Ihrer Stärken und genauer Berücksichtigung der Chancen und Möglichkeiten **welche Produkte/Dienstleistungen** mit **welcher Intensität** verkaufen wollen.

Beschränken Sie sich auf eine kleine Anzahl strategischer Positionen, damit Sie sich auf das Wesentliche kon**zentrieren** können.

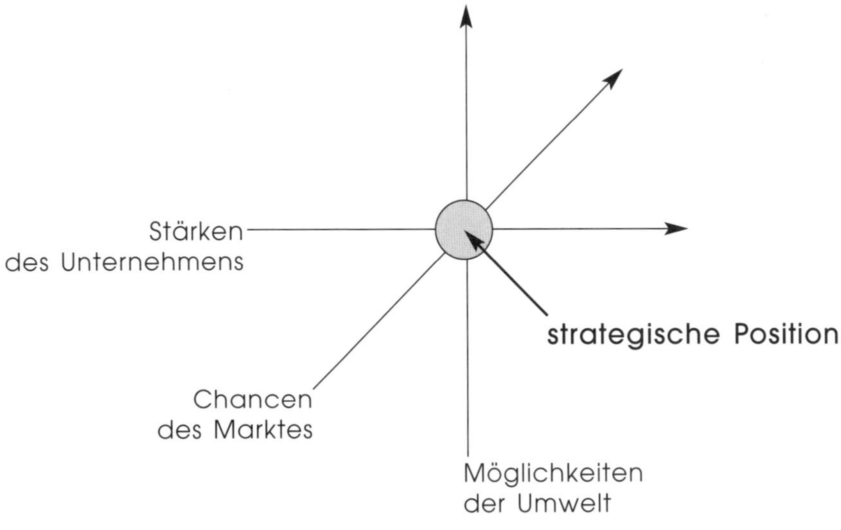

Jede strategische Position hilft Ihnen, von den Stärken und Möglichkeiten maximal zu profitieren. Auf diese Weise kann Ihr Unternehmen das angestrebte Ziel schneller erreichen. Verlieren Sie jedoch gleichzeitig die erkannten Schwächen und Gefahren nicht aus den Augen.
In bezug auf die Schwächen des Unternehmens sollten Sie im Falle jedes einzelnen Schwachpunkts entscheiden, was zu unternehmen ist. Eine Schwäche zu ignorieren und nichts dagegen zu unternehmen ist auch eine Entscheidung, jedoch nicht immer die beste.

Die Gefahren des Marktes und der Umwelt sollten Sie genau beobachten. Bereiten Sie rechtzeitig – das heißt, noch bevor dringender Handlungsbedarf besteht – entsprechende Vorgehensstrategien vor, um nötigenfalls schnell reagieren zu können.

Wichtig: Falls Sie mehrere strategische Positionen bestimmen, müssen Sie auch für jede Position eine eigene Strategie entwickeln.

Die Intuition

Die obige Abbildung ist einfach zu verstehen und erscheint logisch. Man darf aber die Schwierigkeiten nicht verharmlosen, die bei der Festlegung der Positionen und bei der Umsetzung der davon erwarteten Vorteile in der Praxis auftreten. Um die richtigen Entscheidungen zu treffen, benutzen Sie Ihre **Intuition**. Obwohl unsere Welt von rationalen Gedanken beherrscht wird, ist allgemein bekannt, daß gute Führungskräfte in der Lage sind, auf ihre Intuition zu hören und ihr zu folgen. Aber was bedeutet »Intuition« eigentlich? Der Duden definiert diesen Begriff wie folgt: »das unmittelbare, nicht diskursive, nicht auf Reflexion beruhende Erkennen, Erfassen eines Sachverhalts oder eines komplizierten Vorgangs«.

Dazu eine Anekdote, die mich sehr beeindruckt hat

Das Luftfahrtgroßunternehmen »Martin-Marietta-Corporation« erhielt einmal einen Auftrag für 28 Flugzeuge eines bestimmten Querrudertyps, der 500 komplizierte Kugellager erforderte. Diese Kugellager mußten völlig toleranzfrei arbeiten, weil das Flugzeug sonst abstürzen würde.
Als die letzten Flugzeuge vom Band rollten, bemerkte ein Mechaniker, daß einige der Spezialkugellager übrig geblieben waren. Man hatte also mindestens ein Flugzeug mit defekten Querrudern versehen. Doch niemand wußte welches. Also konnte man die Flugzeuge nicht ausliefern, und alle Flugzeuge auseinanderzunehmen wäre einem finanziellen Debakel gleichgekommen. Ein Manager der Firma, Ambrose Worral, schritt mehrere Male an den Maschinen entlang. Dann zeigte er auf eines der Flugzeuge: »Nehmen Sie diese Maschine auseinander«, sagte er dem Montageleiter. Die Mechaniker gingen an die Arbeit, und

schon nach kurzer Zeit wußte man, daß sämtliche übriggebliebenen Kugellager zu dieser Maschine gehörten. Worrals intuitive Fähigkeiten hatten dem Unternehmen viel Geld und Zeit erspart. *(Kälin/Müri, Seite 91)*

Zur Entwicklung Ihrer Fähigkeit, auf Ihre Intuition zu hören und ihr zu folgen, können die folgenden Ideen dienen, die mir dabei geholfen haben, den Kontakt zu meiner inneren Stimme zu verbessern.

1. **Bewußtsein:** Seien Sie sich Ihres Potentials bewußt.
2. **Lust:** Entwickeln Sie die Lust und den Willen, dieses Potential auszuschöpfen.
3. **Natur:** Erleben Sie die Natur und lassen Sie sich von ihr inspirieren.
4. **Meditation:** Nehmen Sie sich Zeit, um alleine zu sein, Ruhe zu spüren und an nichts zu denken.
5. **Lektüre:** Lesen Sie Bücher, die nicht rational sind und die Sie inspirieren.
6. **Diskussion:** Tauschen Sie Ihre Erfahrungen mit ähnlich denkenden Menschen aus.
7. **Ablenkung:** Malen Sie ein Bild, hören Sie Musik, zupfen Sie im Garten Unkraut aus, oder finden Sie andere Wege, um sich abzulenken und alleine zu sein, im Einklang mit sich selbst.

Diese Aktivitäten sollten Sie regelmäßig, wenn möglich täglich, wiederholen. Nehmen Sie sich anfangs eine halbe Stunde pro Tag, und entscheiden Sie später selbst, was Ihnen zeitlich am besten zusagt. Die Intuition meldet sich, wenn man es am wenigsten erwartet. Lassen Sie sich überraschen!

III Die Wettbewerbsstrategie

Nachdem die strategischen Entscheidungen gefallen sind, definieren Sie als nächstes Ihre Position im Vergleich zur Konkurrenz. Dazu ist es sinnvoll, zuerst einige Begriffe zu präzisieren: Der Markt ist unser Tätigkeitsbereich, in dem wir auf direkte Konkurrenten (Anbieter der gleichen Produkte), indirekte Konkurrenten (Anbieter von Substitutionsprodukten – diese Konkurrenten bewegen sich auf einem anderen Teilmarkt), Wiederverkäufer, Beeinflusser und natürlich Kunden (Käufer und Verbraucher) treffen. Auf diesem Markt können Sie nun verschiedene Wettbewerbsstrategien verfolgen.
(Einsatzrichtung des Marketing-Mix, Kühn, Seite 35)

Marktentwicklungsstrategie

1. **Ausweitung der Nachfrage:** Befriedigung von Bedürfnissen neuer Zielgruppen / Suche nach neuen Kunden.

2. **Intensivierung der Nachfrage:** Stimulierung des Konsums der aktuellen Kunden/Käufer/Verbraucher.

Teilmarktentwicklungsstrategie

3. **Profilierungsstrategie:** Profilierung unseres Produkts im Vergleich zu den indirekten Konkurrenten durch Produktvorteil – unsere Lösung ist besser als jene der Substitutionskonkurrenz.

4. **Preisstrategie:** Profilierung unseres Produkts im Vergleich zu den indirekten Konkurrenten durch Preisvorteil – unsere Lösung ist billiger als jene der Substitutionskonkurrenz.

Konkurrenzstrategie

5. **Aggressiver Preis:** Meine gesamten Bemühungen konzentrieren sich darauf, meine Kosten zu reduzieren, damit ich meine Produkte zum bestmöglichen Preis anbieten kann.

6. **Me-too:** Auf die Nachahmung von innovativen Konkurrenten ausgerichtete Strategie.

7. **Profilierung:** Das Unternehmen versucht sich durch seine Leistung abzuheben. Zwar sind die Produkte der Konkurrenten praktisch identisch, doch das Unternehmen bemüht sich, die besten Zusatzleistungen anzubieten.

Die Wahl der Wettbewerbsstrategie wird durch Ihre Einstellung maßgeblich beeinflußt, die vor allem durch Ihr höchstes Ziel und Ihre Vision bestimmt wird. Überlegen Sie sich außerdem, mit welchen Mehrwertdienstleistungen Sie Ihren Kunden bereichern wollen und ob für ihn der Preis oder die Zusatzleistung der wichtigste Faktor ist. Die Wahl der idealen Strategie hängt auch von der Zielgruppe, den angebotenen Leistungen, der Struktur der Distribution, der Größe und dem Wachstum des Marktes, der Konkurrenzsituation, den finanziellen Mitteln etc. ab.

Ethik und Moral

Überprüfen Sie, ob Ihre Strategie **ethischen** und **moralischen** Grundsätzen entspricht.
Laut Duden bedeutet **Ethik**: »philosophische Disziplin oder einzelne standpunktgebende Lehre, die das sittliche Verhalten der Menschen zum Gegenstand hat; Sittenlehre, Moralphilosophie«, während **Moral** definiert wird als: »Gesamtheit von ethisch-sittlichen Normen, Grundsätzen, Werten, die das zwischenmenschliche Verhalten einer Gesellschaft regulieren, die von ihr als verbindlich akzeptiert werden«.
Stellen Sie sich bei der Wahl Ihrer Strategie die Frage nach der Ehrlichkeit, der Richtigkeit und dem Sinn Ihrer Pläne. Alle vorgestellten Strategien sind vertretbar, wenn die ethischen und moralischen Grundlagen respektiert werden. Die Ausdrücke »Ethik« und »Moral« werden manchmal

mißverstanden, unter anderem auch von der Kirche. Tatsächlich darf man die Moral einer Kirche nicht mit den grundlegenden Werten der Moral und der Ethik verwechseln. In manchen Berufen spricht man auch von der Berufsehre, die oft ebenfalls auf ethischen und moralischen Werten basiert. Hören Sie auf Ihr Herz, und Sie werden wissen, ob ihre strategische Entscheidung moralischen und ethischen Kriterien genügt.

IV Positionierung und Ziele

Haben Sie Ihre Wettbewerbsstrategie gewählt, so nehmen Sie nun eine qualitative Positionierung Ihres Angebots in bezug auf die Kunden/Käufer/Verbraucher oder auf die Konkurrenz vor. Abhängig von der gewählten Wettbewerbsstrategie müssen Sie Ihre **Positionierung im Vergleich zur Konkurrenz** und/oder Ihre **genaue psychologische Positionierung aus der Sicht der Produktverwender** finden.
Dazu kann es notwendig sein, diese beiden Positionen graphisch darzustellen, wozu man oft die Positionierungsmethode des »Mapping« verwendet.

Halten Sie Ihre Zielposition auch in Worten fest. Wie bei der Vision ist es auch in diesem Fall wichtig, daß das ganze Team die vorgenommene Positionierung versteht und sich damit identifizieren kann!
Überprüfen Sie wie bei der Wahl der Wettbewerbsstrategie

auch bei der Positionierung, ob sie mit den ethischen und moralischen Werten vereinbar ist! Stellen Sie sich diese Frage und, falls dies Ihnen zusagt, meditieren Sie darüber.

Beispiel eines Mappings:

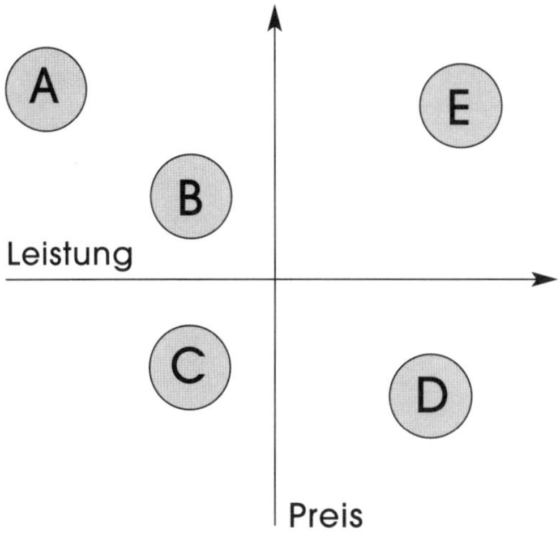

A-D: Konkurrenten / **E**: unsere Position

Die quantitativen Ziele

Die Festlegung quantitativer Ziele ist ein weiteres wichtiges, rationales Element, mit dem Sie Ihren Erfolg bestimmen und messen können. Ungeachtet ihrer rationalen Natur sollten Sie in die Planung auch emotionale und spirituelle Aspekte einfließen lassen, um den Prozeß abzurunden.

Nachfolgend eine mögliche Struktur Ihres Plans:

Ziele:	**1. Jahr**	**2. Jahr**	**3. Jahr**
Verkauf (in Stück oder Einheiten)			
Umsatz			
Bruttomarge pro Stück			
Beitrag an die Fixkosten			
etc.			

Ziele, die entweder zu vorsichtig gesteckt oder aber völlig unrealistisch sind, sind nutzlos. Auch bei diesem Schritt sollten Sie sich die nötige Zeit nehmen, um Ihre Ziele definitiv festzulegen. Legen Sie sie einmal fest, und überprüfen und korrigieren Sie sie gegebenenfalls später, um so eine solide und abgestützte Zielsetzung zu schaffen.

V Marktbearbeitungsstrategie

Als nächstes müssen wir festlegen, mit welchen Partnern wir zusammenarbeiten wollen. Diese Entscheidung findet auf zwei Ebenen statt: Die erste betrifft die strategische Wahl der Absatzwege, während es bei der zweiten um eine Beurteilung der Personen und Organisationen geht, die einen Einfluß auf unsere Zielgruppe haben (Beeinflusser). *(Bestimmung der Marktbearbeitungsstrategie, Kühn, Seite 41)*

1. Versuchen Sie zu verstehen, von wem, wo und wie der Kaufentscheid gefällt wird. Wer sind Ihre **Kunden**, wer entscheidet, wer kauft und wer benutzt das Produkt? Auf der Grundlage dieser Verhaltensmuster können Sie die beiden weiteren Schritte planen.

2. Bestimmen Sie, wie Sie Ihre Produkte vermarkten wollen. Falls Sie mit dem **Handel** zusammenarbeiten, definieren Sie die entsprechenden Wirkungsziele, wie zum Beispiel die Anzahl der Partner/Geschäfte oder Fragen der Sortimentsstrategie.

3. Definieren Sie schließlich die Zielgruppen im Bereich der externen Beeinflusser.
   Falls Sie planen, sich direkt an die **externen Beeinflusser** zu wenden, definieren Sie auch hier die Wirkungsziele. Beispiele: Bekanntheitsgrad, Einstellung etc.

Nachdem Sie die drei Elemente »Kunden – Handel – Beeinflusser« untersucht haben, entscheiden Sie, wieviel der verfügbaren Werbemittel Sie für den Handel und wieviel Sie für Kunden und Beeinflusser einsetzen wollen.

Man spricht dabei von der Push-Pull-Relation.

Push: Prozentsatz des Budgets, mit dem Sie Ihre Verkäufe im Handel stimulieren.

Pull: Prozentsatz des Budgets, mit dem Sie Ihre Kunden zum Kauf anregen.

Eine wichtige Frage, mit der Sie sich beschäftigen werden, heißt: Mit welcher Firma kann ich **zusammenarbeiten**? Sobald sich Ihr Unternehmen für ein spirituelles Vorgehen entschieden hat, müssen Sie auch Ihre Handelspartner genauer unter die Lupe nehmen. Ihre Anforderungen an einen Partner gehen nun sicherlich über reine Profitinteressen hinaus. Ausgehend vom wahren Sinn Ihrer Geschäftstätigkeit und von Ihrem spirituellen Vorgehen werden Sie nach bestimmten Partnerunternehmen suchen.

Doch urteilen Sie nicht über die anderen, ganz im Gegenteil. Für einen Außenstehenden ist es unmöglich, sich ein exaktes Bild vom Streben und vom höchsten Ziel des anderen zu machen. Sie können jedoch genau hinhören und die Arbeitsweise des in Frage kommenden Unternehmens beobachten. Wenn es auf ehrliche Weise und ohne jemanden zu schädigen arbeitet, steht einer Zusammenarbeit nichts im Wege – es sei denn, Ihre Intuition sagt Ihnen etwas anderes. Hören Sie in diesem Fall auf Ihre innere Stimme und folgen Sie nicht dem rationalen Urteil Ihres Intellekts.

VI Marketinginstrumente und ihre Bedeutung

Sobald für jede strategische Position die Wettbewerbsstrategie bestimmt und die Positionierung vorgenommen wurde, können Sie sich der Bedeutung der einzelnen Marketinginstrumente zuwenden.

Kreativität

Noch mehr als bei den anderen Schritten ist in dieser Phase, die kaum etwas mit Rationalität zu tun hat, kreatives Denken und Handeln gefragt. Echte Kreativität ist häufig das Resultat wiederholter und intensiver Arbeit auf mehreren Ebenen, wie das folgende Beispiel eines Kreativitätsprozesses in der Gruppe zeigt:

1. Bereiten Sie das Thema vor, und machen Sie die Teammitglieder damit vertraut.
2. Sammeln Sie möglichst viele Ideen.
3. Strukturieren und analysieren Sie die Ergebnisse.
4. Informieren Sie über die Ergebnisse dieser ersten Runde.
5. Suchen Sie mit Hilfe verschiedener kreativer Hilfsmittel nach weiteren Lösungen.
6. Strukturieren und analysieren Sie die Ergebnisse erneut, und führen Sie gegebenenfalls eine dritte Runde durch.
7. Schließen Sie den Vorgang ab, treffen Sie Ihre Wahl, und informieren Sie die Teilnehmer.

Im Bereich der Kreativität gibt es zahlreiche äußerst wertvolle Hilfsmittel. Beschränken Sie sich auf die einfacheren Methoden, die eine individuelle Erkenntnis fördern.

- **Beobachten und Zuhören:** Diese Hilfsmittel sind nicht nur für die Analyse, sondern auch für die kreative

Lösungssuche interessant.

- **Suche nach Analogien:** Wenn Sie bei Ihrer Arbeit in einer Sackgasse stecken, suchen Sie nach möglichen Analogien oder analysieren Sie ein einzelnes Element, das nicht unmittelbar mit dem Problem zusammenzuhängen scheint, und suchen Sie erst anschließend nach einer möglichen Verbindung.
- **Intuition:** Wie bereits erwähnt haben Sie in Ihnen eine unerschöpfliche Quelle von Ideen. Hören Sie auf Ihre innere Stimme; etc.

Daneben gibt es auch Hilfsmittel, welche die kreative Lösungssuche in der Gruppe unterstützen.

- **Brainstorming:** Diese Methode ist in der Geschäftswelt zwar recht bekannt, doch leider werden oft die folgenden Grundregeln nicht ausreichend beachtet: fünf bis zehn Teilnehmer, klare, vorbereitete Fragen, Dauer höchstens 30-40 Minuten, die Antworten der Teilnehmer müssen für alle sicht- und lesbar sein, Ideen wiederaufzunehmen und weiterzuentwickeln ist erwünscht, es ist verboten, Aussagen der anderen zu kritisieren, eine rationale Diskussion findet erst bei einem weiteren Treffen statt.
- **Methode 6-3-5** (»**Brainwriting**«)**:** Jeder der **sechs** Teilnehmer schreibt **drei** mögliche Lösungen für das aktuelle Problem auf, wofür er **fünf** Minuten Zeit hat (daher der Name »Methode 6-3-5«). Danach wird das Blatt an den

nächsten Teilnehmer weitergegeben, der die bisher notierten Ideen liest und sich davon für drei weitere Vorschläge inspirieren läßt, etc.

- **Gruppendiskussionen:** Um gute Ergebnisse zu erzielen, sollte für die Gesprächsführung ein Experte hinzugezogen werden.

- **Das gemeinsame Notizbuch:** Jeder Teilnehmer führt individuell während etwa vier Wochen ein Notizbuch, in dem die Problemstellung festgehalten ist und in dem er laufend seine Gedanken zum Thema notiert. Nach Ablauf der vereinbarten Frist ergänzt er seine Ideen mit einer Schlußfolgerung. Der Diskussionsleiter sammelt die verschiedenen Schlußfolgerungen ein, wertet sie aus und diskutiert die Ergebnisse in einem gemeinsamen Treffen mit allen Teilnehmern.

- **Spiele:** Bei Spielen sind die Teilnehmer nicht auf das Problem fixiert, wodurch plötzlich neue Ideen auftauchen können. Für die Leitung dieser Spiele sollte ein Experte hinzugezogen werden; etc.

Die Instrumente

Nach diesem kurzen Exkurs in die Welt der kreativen Ideensuche kommen wir nun zurück zu den Marketinginstrumenten. Diese teilt man üblicherweise in Instrumentengruppen (»**Mix**«) auf. Die bekannteste Struktur ist jene der vier Mixe, die man auch »die vier P« nennt. Entwickelt wurde sie von E. Jerome McCarthy, und es geht dabei um die folgenden Mixe:

product – Produkt-Mix
price – Preis-Mix
promotion – Kommunikations-Mix
place – Distributions-Mix

Nach McCarthy sind die Zusatzleistungen Teil des Produkt-Mix. Angesichts ihrer wachsenden Bedeutung und damit sie nicht vergessen gehen, ist es jedoch angebracht, sie gesondert zu behandeln. Aus diesem Grund übernehme ich hier das System der fünf Marketing-Mixe nach Professor Kühn. (Instrumente des Marketing-Mix, Kühn, Seite 6)

Der Produkt-Mix

Ihre Dienstleistungen und Ihre Produkte (im folgenden zusammenfassend »Produkte« genannt) müssen mit dem zuvor fixierten höchsten Ziel eindeutig vereinbar sein. Oft fehlt eine klare Vision in bezug auf den Wert, den ein Unternehmen für seine Zielgruppe haben will.
Produkte zu Ihrer eigenen Befriedigung zu entwickeln ist eine reine Verschwendung Ihrer Energie. Leider arbeiten die Abteilungen für Produktion und für Forschung & Entwicklung allzu häufig unabhängig voneinander und

richten sich außerdem nicht nach dem Markt und den wahren Bedürfnissen des Kunden. Die Kommunikation zwischen den Abteilungen für Marketing, Verkauf, Kundendienst, Produktion und Forschung & Entwicklung funktioniert nur teilweise.
Analog zur Vision bereiten Sie auch die Produkte in interdisziplinären Teams vor. Nur das kombinierte Wissen aller, ergänzt durch eine für alle klare und präzise Vision, wird es Ihnen ermöglichen, Ihren Kunden echte Neuheiten mit einem einzigartigen Mehrwert anzubieten.
Die anderen Instrumente dieses Mix – Verpackung, Marke, Sortimentspolitik – müssen mit den Bedürfnissen des Kunden, der Vision, der Strategie und dem Produkt in Einklang stehen.

Bei der Entwicklung eines neuen Produkts sollten Sie nicht vergessen, daß es strengsten ökologischen Kriterien genügen muß. Verlieren Sie diesen Aspekt unter keinen Umständen aus den Augen. Berücksichtigen Sie auch, daß jedes Produkt einen Lebenszyklus hat und früher oder später nicht mehr gebraucht wird. Denken Sie daher vom ersten Entwicklungsschritt an immer auch an die Wiederverwertung (Recycling).

Der Preis-Mix

Über den Preis wird auch der Wert kommuniziert. Wenn Sie ein High-Tech-Produkt billig verkaufen, wird die

Mehrheit Ihrer Kunden nicht glauben, daß das Produkt gut ist. Anders gesagt: Mit einem hohen Preis kommunizieren Sie automatisch auch hohe Qualität.
Wenn Sie aus ethischen Gründen keinen hohen Preis verlangen wollen, werten Sie Ihr Produkt unabsichtlich ab. Passen Sie daher die Höhe des Preises der Qualität und dem Wert des Produkts an.
Häufig lähmt der Preis die Verkäufer. Sie beginnen vom Preis zu sprechen, bevor sie überhaupt die Bedürfnisse des Kunden verstanden und das Produkt und seine Vorzüge vorgestellt haben. Jeder Verkäufer muß sich dieser Gefahr bewußt werden, wozu interne Gespräche zu diesem Thema wesentlich beitragen können.
Andererseits wäre es auch nicht richtig, einen überhöhten Preis für ein Billigprodukt mit bescheidenem Wert zu verlangen.

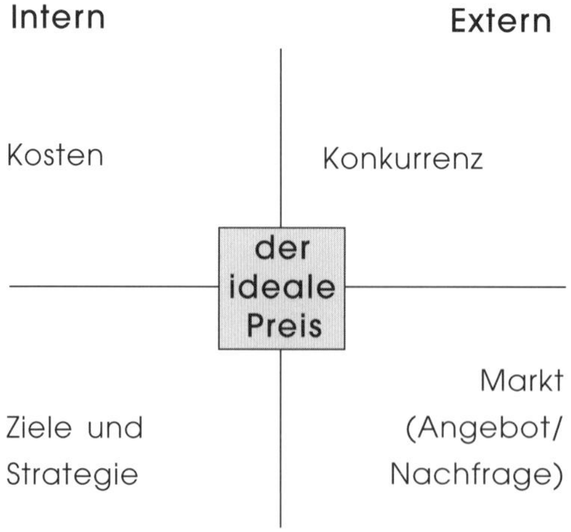

Berechnen Sie den idealen Preis gemäß diesem Schema auf der Basis von internen (Kosten und Ziele) und externen Kriterien (Markt und Konkurrenz).

1. **Die Kosten:** Sie dienen oft als Basis für die Preissetzung. Vergessen Sie aber nicht, daß es sich dabei nur um eines von vier Kriterien handelt. Überprüfen Sie die Richtigkeit Ihrer Zahlen und ob sie tatsächlich als Entscheidungsgrundlage dienen können.

2. **Ziele und Strategie:** Präzisieren Sie Ihre Einführungsstrategie, und nehmen Sie die notwendigen Anpassungen in bezug auf den Lebenszyklus des Produkts vor.

   Bei der Einführung können Sie in bezug auf die Höhe des Einstiegspreises und die Intensität der Verkaufsförderung unter vier Strategien wählen: **langsame Abschöpfung** (hoher Preis, schwache Verkaufsförderung), **schnelle Abschöpfung** (hoher Preis, starke Verkaufsförderung), **langsame Penetration** (tiefer Preis, schwache Verkaufsförderung) oder **schnelle Penetration** (tiefer Preis, starke Verkaufsförderung).

   Vergessen Sie bei kurzfristigen Preisänderungen nicht, an die langfristigen Auswirkungen zu denken. Informieren Sie Ihre Mitarbeiter, Ihre Wiederverkäufer und eventuell Ihre Kunden über die taktischen Anpassungen und ihre Gründe.

3. **Die Konkurrenz:** Beobachten Sie Ihre Mitbewerber auf-

merksam, damit Sie auf Gegenangriffe vorbereitet sind und die Konkurrenzsituation mit Ihren strategischen Zielen vereinbar bleibt.

4. **Der Markt:** Angebot und Nachfrage – ökonomische Gesetze, die Sie nicht übergehen können. Versuchen Sie, den psychologisch idealen Preis und den Maximalbetrag zu finden, den Ihre Käufer bereit sind, zu bezahlen. Vergessen Sie dabei die Rolle Ihrer Verteiler nicht.

Diese vier Kriterien sind eng miteinander verbunden, und jede Veränderung in einem Bereich beeinflußt die anderen Elemente. Behalten Sie die vier Kriterien immer als Einheit im Auge, und achten Sie darauf, nahe beim Kunden zu bleiben, denn er ist es, der schließlich ihre Produkte kaufen wird.

Der Zusatzleistungs-Mix

Die Zusatzleistungen gewinnen immer mehr an Bedeutung. Es wird immer schwieriger, sich auf der Ebene der Produkte und ihres eigentlichen Werts von der Konkurrenz abzuheben. Aus diesem Grund kann man heute auf dem Markt eine Polarisierung beobachten. Im Vordergrund stehen:

- Billigprodukte mit tiefen Preisen und sehr wenigen Dienstleistungen; und

- Spitzenprodukte mit großem Wert, hohen Preisen und globalen Dienstleistungskonzepten.

Sind Sie im zweiten Bereich aktiv, so bemühen Sie sich, die aktuellen Erwartungen der Kunden noch zu übertreffen. Dies verschafft Ihnen einen Vorsprung gegenüber der Konkurrenz und verleiht Ihrem Produkt einen weiteren, in diesem Fall nicht-produktspezifischen Mehrwert.

Der Kommunikations-Mix

Im allgemeinen Sprachgebrauch wird »Marketing« oft als Synonym für »Werbung« verwendet. Tatsächlich wird der größte Teil Ihrer Mittel in den Bereich der Kommunikation fließen. Der Kommunikations-Mix umfaßt klassische Werbung, Öffentlichkeitsarbeit (PR), Verkaufsförderung und Direktmarketing. Bestimmen Sie den für Sie idealen Kommunikations-Mix auf der Basis Ihrer Ziele, Ihrer Strategie, der Zielgruppe, der Geschwindigkeit, mit der Sie Ihre Produkte vermarkten wollen, und des vorhandenen Budgets.
Vermitteln Sie die Werte auf eine klare und präzise Weise und vor allem so, daß der Kunde sie ohne Übersetzung verstehen kann. Die Festlegung Ihres eigenen Wertesystems hilft Ihnen dabei und ermöglicht Ihnen, in direkten Dialog mit Ihrem Kunden zu treten. Es versteht sich von selbst, daß die Werte mit Ihrem höchsten Ziel und Ihrer Vision in Verbindung stehen müssen.

Sehen Sie bereits jetzt den direkten Kontakt mit Ihrem Kunden vor. Die Instrumente der klassischen Werbung (Plakate, TV- und Radiospots, Anzeigen etc.) tragen zur direkten Kontaktaufnahme mit Ihrem Kunden nicht bei. Benutzen Sie daher die Instrumente des Direktmarketings (Telefon, Werbesendungen).

Der Distributions-Mix

Durch einen guten Distributions-Mix müssen folgende Kriterien erfüllt werden: Das Produkt muß

- zur richtigen Zeit,
- in der richtigen Menge,
- am richtigen Ort und
- mit der richtigen Präsentation verfügbar sein.

Bestimmen Sie die Elemente der strategischen und physischen Distribution.

- **Strategische Distribution:** direkte und indirekte Distribution, Wahl der Absatzkanäle, Abstimmung hinsichtlich der anderen Mixe, Ebenen der Distributionskette (ein, zwei, drei oder mehr Zwischenhändler), Flußplanung, Prozeßüberwachung etc.
- **Physische Distribution:** Verwaltung der Lager, Einzel- und Palettenverpackung, Versand und Transport etc.

Auch die Verkaufsabteilung gehört zum Distributions-Mix. Manchmal kann der Verkauf allerdings auch Teil des Kommunikations-Mix sein. Der ganze Verkaufsprozeß wird allzu oft in einzelne Sequenzen zerteilt, wodurch die erste Kontaktnahme nicht genügend in die Kundenbindung oder in den Ausbau des Kundenstamms integriert wird. Überprüfen Sie, ob Ihr gesamtes Marketing, Ihr Kommunikations-Mix und der Verkauf vor Ort harmonisch ineinandergreifen!

Die Harmonie ist der Schlüssel zum Erfolg

Wenn Sie Ihr Programm zur Marktbearbeitung erfolgreich umsetzen wollen, müssen Sie die verschiedenen Instrumente in bezug auf ihren Anteil am Gesamtkonzept, die zeitliche Planung und ihre jeweilige Wirksamkeit harmonisch aufeinander abstimmen. Durch die gewählten Strategien werden die Wahl der Instrumente und ihr Einsatz häufig bereits mitbestimmt.

Dazu einige Beispiele:

- Planen Sie vor dem Start Ihrer Werbekampagne (Kommunikations-Mix) bereits die Verfügbarkeit Ihrer Produkte in den Geschäften (Distributions-Mix);
- Passen Sie die Verpackung (Produkt-Mix) dem gewählten Absatzkanal an (Distributions-Mix);
- Falls Sie sich für eine schnelle Abschöpfung entschieden

haben (Preis-Mix), bieten Sie zusätzliche Mehrwertleistungen an (Zusatzleistungs-Mix) und kommunizieren Sie diese intensiv (Kommunikations-Mix).

Bei der Einführung eines neuen Produkts, zum Beispiel, kann durch einen einzigen Fehler die ganze Einführungskampagne zum Scheitern verurteilt sein. In dieser Phase sollten Sie Ihren Mix in Zusammenarbeit mit Experten erarbeiten.

Achten Sie auch auf interne und externe Engpässe! Wenn Sie Inserate mit einer gebührenfreien Telefonnummer in den Tageszeitungen plazieren, müssen Ihre Mitarbeiter genügend Zeit haben, um die Anrufe rasch beantworten zu können. Stellen Sie außerdem sicher, daß sie die entsprechenden Kenntnisse haben, um Auskunft geben zu können.

Auf alle Fälle müssen Sie sich auch in diesem Bereich genügend Zeit nehmen, um den idealen Mix zu finden. Entwickeln Sie ihn in der Gruppe, und lassen Sie sich von Ihrem Ziel und Ihrer Vision leiten.

VII Infrastruktur, Planung und Budget

Sobald Sie die strategische Ausrichtung und die Mittel zur Umsetzung bestimmt haben, wird es Zeit, die Organisation, das Timing und die Finanzierung zu konkretisieren.

Infrastruktur

Untersuchen Sie die existierende Infrastruktur. Entspricht sie den angestrebten Zielen? Oder müssen Sie Anpassungen und Veränderungen vornehmen?

Für die nächsten Schritte sind Ihre praktischen Fähigkeiten gefragt:

- Strukturierung und Errichtung der internen Verkaufsorganisation (Abwicklung der Bestellungen, telefonische Auskunft etc.);
- Aufbau einer externen Verkaufsstruktur;
- Errichtung der Infrastruktur für Lagerung, Versand etc.;
- Ideale Lösungen im Informatikbereich; etc.

In dieser Phase geht es um konkrete und rationale Elemente. Verlieren Sie sich nicht in Einzelheiten. Fragen Sie sich regelmäßig, ob Ihr nächster Schritt wirklich Sinn macht. Brauchen Sie alles, was Sie geplant haben? Hilft Ihnen die Infrastruktur, Ihrer Vision näherzukommen, oder bewirkt sie eher das Gegenteil?
Vergessen Sie nicht, daß die Infrastruktur ein Hilfsmittel ist, das Sie bei Ihrer Arbeit unterstützen soll. Planen Sie von Anfang an, Ihre ideale Lösung in mehreren Etappen umzusetzen. So können Sie das Entstehen einer überladenen Struktur vermeiden, die nur zusätzliche Kosten und großen Druck verursachen würde.

Planung

Stellen Sie nun einen Plan für die Umsetzung aller vorgesehenen Maßnahmen auf. Halten Sie sich dabei genügend Zeit für die Strategie frei. Planen Sie einige zusätzliche Monate für Ihre erste Einführung ein, da man bei der ursprünglichen Planung oft zahlreiche Einzelheiten vergißt und die kreative Phase immer viel Zeit in Anspruch nimmt.
Beschränken Sie sich für die Konzeption einer umfassenden Vision auf eine grobe Planung über einen Zeitraum von ein bis drei Jahren. Natürlich müssen Sie später für die operative Umsetzung eine detailliertere Planung ausarbeiten.

Budget

Auch das Budget muß, wie die Planung, alle Maßnahmen umfassen. Planen Sie auch hier Reserven ein, und seien Sie vorsichtig in bezug auf die erwarteten Ergebnisse. Lassen Sie sich nicht von Träumen blenden – eine unerwartet positive Entwicklung ist eine angenehme Überraschung. Setzen Sie als Einnahmen die quantitativen Ziele ein, während Instrumente und Infrastruktur die Ausgaben bilden.
Das Budget sollte sich über den gleichen Zeitraum erstrecken wie die Planung und die Ziele, und wie diese beiden Bereiche sollte auch das Budget jedes Jahr überprüft,

angepaßt und korrigiert werden. Beschaffen Sie sich fehlende Informationen mit den angemessenen Mitteln. Auch zuvor überprüfte Schätzungen können Ihnen als Grundlage dienen.
Als Leiter des Unternehmens sollten Sie die Mitarbeiter über das Budget informieren, denn sie interessieren sich dafür und sind ja außerdem direkt an der Umsetzung beteiligt. Ideal wäre es, Teile des Budgets, die den Arbeitsbereich eines Teams oder einzelner Mitarbeiter betreffen, auch von diesen erstellen zu lassen. Achten Sie dabei auf ausgewogene Aufgabenverteilung, Verantwortung und Kompetenzen. Auf diese Weise haben Sie die besten Erfolgsaussichten.

Die Rolle der Einzelperson und der Gruppe im Unternehmen

Wenn nicht jeder Mitarbeiter die Strategie des Unternehmens kennt, besteht bei jeder operativen Entscheidung die Gefahr, vom erklärten Ziel abzuweichen. Aus diesem Grund hat die Arbeitsgruppe, welche die Strategie ausgearbeitet hat, eine Informationspflicht gegenüber allen Mitarbeitern des Unternehmens.

Zwar hängt die Vorgehensweise einer Arbeitsgruppe stark von den Rahmenbedingungen ab, aber im Zentrum steht immer der einzelne Mensch.

Deshalb wird im folgenden zuerst die individuelle spirituelle Arbeit das Thema sein, gefolgt von einigen Anregungen zur idealen Teamarbeit. Ergänzt wird dieses Kapitel durch eine Betrachtung des Informationsprozesses zur Vermittlung der Strategie und eine kurze Darstellung der Rolle der Führungskräfte im Unternehmen.

I Die Suche nach dem eigenen spirituellen Weg

Wir haben bereits ausführlich vom Unternehmen und von der Gruppe gesprochen, und tatsächlich kann die Gruppe eine enorm treibende Kraft sein. Wichtig ist jedoch auch die Suche jedes einzelnen nach seinem eigenen spirituellen Weg. Die folgenden sieben Punkte können Ihnen helfen, Ihren persönlichen Weg zu finden oder weiterzuverfolgen.

1. Lektüre

Die Information steht am Anfang Ihrer Suche und wird Ihnen ermöglichen, sich zu orientieren und Ihren eigenen Weg zu finden. Lesen Sie dazu Bücher, die nicht rationaler Natur sind.
Beginnen Sie mit »einfacher« Lektüre, wie zum Beispiel »Der Alchimist« von Paulo Coelho oder » Die Prophezeiungen von Celestine« von James Redfield. Diese Bücher sind besonders dazu geeignet, Sie auf spannende Weise ein neues Thema entdecken zu lassen.
Lesen Sie Werke, die Sie emotional ansprechen. Suchen Sie in Katalogen nach spirituellen Büchern, lassen Sie sich in Ihrer Buchhandlung beraten, lesen Sie die Klappentexte. Kaufen Sie mehrere Bücher auf einmal, und lesen Sie sie je nach Lust und Laune. Sollte Sie während der Lektüre der Inhalt schockieren oder irritieren, fällen Sie nicht

gleich ein endgültiges Urteil, sondern legen Sie das Buch zur Seite, und nehmen Sie es zu einem späteren Zeitpunkt wieder zur Hand.
Anfangs werden Sie vielleicht das Gefühl haben, daß die Bandbreite der Themen riesig ist und daß es kaum Verbindungen zwischen den verschiedenen Denkweisen gibt. Nach und nach wird es Ihnen jedoch immer besser gelingen, die Zusammenhänge zu sehen und sich zurechtzufinden. Schließlich wird jemand, der keine Ahnung von Marketing hat und drei verschiedene Bücher über dieses Thema liest, auch Mühe haben, sich zurechtzufinden, da jeder Autor von seinem eigenen Konzept ausgeht. Sobald Sie etwas mehr Erfahrung haben, werden sich die Unterschiede verringern, und Sie werden ähnliche Strukturen entdecken. Damit haben Sie die nötige Sachkenntnis, um unter den verschiedenen vertretenen Meinungen auswählen zu können.
Von nun an werden Sie bestimmte Bücher als Leitfaden, Referenz oder Bettlektüre begleiten. Lesen Sie in ihnen, wann immer Sie Lust haben, denn sogar, wenn Sie glauben, den Inhalt genau zu kennen, werden Sie dennoch jedesmal neue Aspekte entdecken, die Sie zuvor nicht wahrgenommen haben.

2. Diskussion

Es ist interessant, während und/oder nach der Lektüre seine Gedanken mit jemandem austauschen zu können.

Im Idealfall beginnen Sie dabei mit Ihrem Lebenspartner oder einem engen Freund. Es ist nicht immer einfach, zur selben Zeit dieselben Interessen zu finden. Legen Sie den gemeinsamen Weg zusammen mit Ihrem Partner oder Freund fest. Wenn der eine die Interessen des anderen teilen kann, steht einer harmonischen Entwicklung nichts im Wege.
Suchen Sie sich Diskussionsgruppen oder Lesezirkel. Sie können eine solche Gruppe auch zusammen mit einigen Freunden mit ähnlichen Wünschen neu aufbauen. Vergessen Sie dabei aber nicht, Ihr Ziel und Ihre gemeinsame Vision klar zu definieren.
Versuchen Sie nicht, die Menschen in Ihrem Umfeld von Ihren Entdeckungen zu überzeugen. Erzählen Sie davon, und wenn Sie merken, daß jemand andere Vorstellungen hat, respektieren Sie diese, und interessieren Sie sich für seine Ansichten. Reden Sie nicht zuviel davon, was Sie alles ändern wollen. Ihr Umfeld soll diese Veränderungen an Ihnen ohne Ihre Erklärungen feststellen.

3. Seminare

Es werden viele verschiedene Seminare, Workshops und Trainings angeboten, in denen man Meditationstechniken erlernen kann, die häufig sehr wertvoll für die innere Entwicklung sind. Besuchen Sie Seminare, von denen Sie sich angesprochen fühlen. Beginnen Sie mit allgemeinen, öffentlichen Seminaren, und entdecken Sie nach und nach

Ihre eigenen Interessen.
Im allgemeinen werden Sie in diesen Seminaren Hilfsmittel erhalten. Damit Sie aus dem Kurs maximalen Nutzen ziehen können, sollten Sie die erlernten Übungen auch nach dem Ende des Seminars regelmäßig wiederholen. Beschränken Sie sich am Anfang auf eine gewisse Anzahl von Seminaren, damit Sie Zeit haben, die Themen kritisch zu prüfen, anzupassen und zu vertiefen, sei es durch ergänzende Lektüre oder durch weitere Übungen.

4. Meditation

Mit Hilfe der Meditation können wir uns unserem inneren Wissen nähern. Häufig wird Meditation auch als Pfad des Erwachens bezeichnet. Dazu ein kurzer Ausschnitt aus dem Buch »La méditation« von Namgyal Rimpoche, einem ursprünglich aus Kanada stammenden buddhistischen Mönch.

»Traditionellerweise gibt es sieben Grundkategorien der Meditation. Auch Ihre Meditationsform fällt in eine oder mehrere dieser Kategorien, unabhängig davon, welche Methode Sie praktizieren.

1. *Die Atmung*
2. *Die Visualisierung*
3. *Die Energiezentren (Chakras)*
4. *Die Klänge (Mantras)*

5. *Die Bewegungen und Haltungen (Mudra)*
6. *Die Hingabe (Bakta)*
7. *Die unmittelbare Konzentration auf das Wesen des Geistes*

Die ersten sechs Kategorien gehören zu den Samatha (Seelenfrieden), während die siebte Kategorie für Vipassana (selbstbeobachtende Meditation) steht.
Der Unterschied zwischen diesen beiden Gruppen besteht darin, daß die Übungen der ersten zu einem Zustand der äußersten Konzentration auf das symbolische Objekt der Meditation führen, begleitet von einem intensiven Wohlgefühl (Jhana).

Die Meditationsform der zweiten Gruppe mündet ihrerseits in einem Bild der Leere oder einem unmittelbaren Bild des Wesens des Geistes und führt so zur Erkenntnis. Allerdings sind die beiden Formen der Meditation nur anfangs, in der vorbereitenden Phase, voneinander getrennt. Jede Samatha-Meditation geht zuletzt in der Phase der sogenannten Introspektion (Selbstbeobachtung) auf. Samatha ist auch Teil des Prozesses zur Beruhigung des Geistes, so daß man sich, wenn die Erkenntnis aufkeimt, auf sie konzentrieren kann, ohne daß das Bewußtsein von einem Zustand psychischer Erregung zum anderen springt. Schließlich mündet jede buddhistische Meditation in einem Bild der Leere; die dauerhafte Ruhe, die sich nach der Meditation einstellt, wird als Nirvana bezeichnet.« (Rimpoche, Seite 7)

Entdecken Sie die Kraft der Meditation. Falls es Ihnen zusagt, können Sie nach und nach die von Rimpoche beschriebenen verschiedenen Kategorien übernehmen.

5. Ernährung

Im Verlauf Ihrer Entwicklung werden Sie sich sehr bald auch mit Ihren Ernährungsgewohnheiten beschäftigen. Nehmen Sie sich Zeit beim Essen, kauen Sie langsam, und seien Sie dafür dankbar, daß Sie sich satt essen dürfen. Denken Sie an die vielen Faktoren, die bei der Produktion Ihrer Nahrung eine Rolle spielten, insbesondere an die vier Grundelemente (Feuer, Luft, Wasser, Erde), ohne die nichts existieren würde.
Essen Sie, was Ihnen gut tut. Zwingen Sie sich nicht dazu, Dinge zu essen, die Sie nicht mögen, und vermeiden Sie es, diesen Zwang auf andere (zum Beispiel auf Kinder) auszuüben. Reduzieren Sie den Konsum von Alkohol, Kaffee und Zigaretten, um Ihr Bewußtsein zu steigern.

6. Loslassen

Heutzutage tragen viele Menschen das Gewicht der ganzen Welt auf ihren Schultern. Das zeigt, wie schwer es ihnen fällt, loszulassen. Aber manche Dinge geschehen einfach ohne unsere Zustimmung, und wir können nichts anderes tun, als diese Tatsache zu akzeptieren.

Lockern Sie Ihre Schultern, und lassen Sie los. Machen Sie Atmungs-, Turn- und Meditationsübungen, um Ihre Fähigkeit, loszulassen, zu verbessern.

7. Die Suche

Sobald wir das Interesse verspüren, unser Weltbild zu erweitern, beginnt die Suche, in deren Verlauf wir uns früher oder später die Frage nach dem wahren Sinn des Lebens stellen werden. Was ist meine Rolle, meine Aufgabe im Leben...?
Um diese Frage beantworten zu können, ist Zeit, Geduld, Hartnäckigkeit und beharrliche Arbeit erforderlich. Wir tragen die Antworten bereits in uns, und es ist unsere Aufgabe, sie zu finden und zu verstehen. Ihr spiritueller Helfer (die von Ihnen gewählte Form göttlicher Energie) wird Sie bei Ihrer Suche unterstützen, wenn Sie darum bitten. Zusätzlich können Sie die in diesem Buch vorgestellten praktischen Hinweise zur Erarbeitung Ihrer Vision (Seite 42) und zur Entwicklung Ihrer Intuition (Seite 64) benützen.

Für mich persönlich muß es das Ziel jeder Existenz sein, Liebe und Licht zu verbreiten. Ich halte es für sehr wichtig, daß jedes MENSCHLICHE WESEN seinen Platz im Gefüge des Veränderungsprozesses und des spirituellen Erwachens im Dienste der Liebe und des Lichts findet.

II Die Gruppenarbeit

Die individuelle Entwicklung bildet die Grundlage der Arbeit der Gruppe und des Unternehmens. Eine Gruppe besteht aus Einzelpersonen, deren spirituelle Entwicklung zwar individuell verläuft, aber durch die Gruppe angeregt, motiviert und unterstützt werden kann. Auf betrieblicher Ebene muß dabei jedoch vorsichtig vorgegangen werden, da die Beziehungen zwischen den einzelnen rein beruflicher Natur sind. Im folgenden werden einige Punkte aufgeführt, mit denen die Gruppenarbeit verbessert werden kann. Die einzelnen Teilnehmer können durchaus einen ausgeprägteren spirituellen Weg wählen. Wichtig ist auf alle Fälle, die Überzeugungen der anderen zu achten und sie nicht durch möglicherweise entstehenden Gruppenzwang vor den Kopf zu stoßen.

1. Der Aufbau der Gruppe

Dabei kann man vier Phasen unterscheiden: die Zusammenstellung (FORM), der Sturm (STORM), die Normierung (NORM) und die Leistung (PERFORM).
Bevor sie sich auf die Leistung konzentrieren kann, muß jede neue Gruppe durch verschiedene Phasen der Vorbereitung gehen. Es handelt sich dabei um ein völlig normales Phänomen, auch wenn in der Geschäftswelt der Glaube verbreitet ist, es genüge, einige leistungsfähige

Einzelpersonen zusammenzubringen, um ein gut funktionierendes Team zu haben.

Nachdem das Team zusammengestellt wurde, muß es zunächst durch eine stürmische Phase gehen, in der sich die verschiedenen Persönlichkeiten aufeinander einstellen müssen. Wird diese Phase nicht beachtet und nicht besprochen, so wird sie sich zu einem späteren, nicht unbedingt günstigen Zeitpunkt wieder bemerkbar machen.

Wir alle legen gerne Normen fest. Diese Phase der Normierung kommt jedoch oft zu früh. Außerdem sollten die festgelegten Normen nach jeder Sturmphase erneut überprüft werden.

Sogar in der Phase der Leistung kann es noch zu weiteren Stürmen kommen. Reagieren Sie darauf, indem Sie die Normen entsprechend anpassen. Mit etwas Glück wird die Gruppe danach sogar noch leistungsfähiger sein als zuvor.

Jedes Mitglied der Gruppe muß eine klare Rolle haben. Der Teamleiter ist dafür verantwortlich, daß alle in der Gruppe integriert sind. Dominante Persönlichkeiten müssen sich zurückhalten. Falls sie dies nicht aus eigenem Antrieb tun, müssen sie von einem anderen Teammitglied darauf aufmerksam gemacht werden (siehe auch Hinweise zum Feedback).

Üben Sie bei Konflikten zunächst einmal Selbstkritik. Kreisen Sie das wahre Problem ein. Wurden alle Tatsachen und Empfindungen deutlich kommuniziert? Geht es um ein greifbares oder um ein emotionales Problem? Natürlich ist es einfacher, die Fehler zuerst bei den anderen zu suchen. Ich würde Ihnen aber empfehlen, in Zukunft mit einer

Selbstbeobachtung (Introspektion) zu beginnen, bevor Sie die Ursachen anderswo suchen. Bei meinen ersten Introspektionen habe ich entdeckt, daß viele Probleme ihren Ursprung bei mir hatten – und nicht bei den anderen ...

2. Vom gemeinsamen Ziel zur Charta

Die Wichtigkeit eines gemeinsamen Ziels wurde bereits mehrfach erwähnt. Im Hinblick auf die Entwicklung der Gruppe ist es unbedingt notwendig, daß alle Mitglieder der Gruppe an der Erarbeitung der gemeinsamen Ziele mitarbeiten, die für das höchste Ziel, den wahren Sinn der Existenz des Unternehmens und der Einzelpersonen stehen. Daneben dürfen aber auch die individuellen Ziele der Beteiligten nicht vergessen werden. Streben Sie in diesem Sinne nach einer ersten Einigung, die Sie im weiteren Verlauf ihrer Arbeit immer wieder überprüfen und anpassen.

Durch die Aufstellung einer Charta können wir die Ziele und andere zentrale Elemente schriftlich festhalten. Dazu einige Beispiele:

- **Die Mission der Gruppe:** Sie faßt noch einmal das höchste Ziel zusammen.
- **Die operativen Ziele:** qualitative und quantitative Kriterien.
- **Die Kunden der Gruppe:** Jede Gruppe muß bei ihrer

Arbeit die Sensibilisierung derjenigen berücksichtigen, die von den Ergebnissen betroffen sein werden, der Kunden. Üblicherweise finden sich die Kunden sowohl innerhalb als auch außerhalb des Unternehmens.

- **Die Spielregeln:** Es kann nützlich sein, einige Verhaltensregeln festzulegen.
- **Die Grundsätze der internen Abläufe:** Wer macht was, wer informiert wen?
- **Externe Beziehungen:** Wer muß, neben den Kunden, von den Fortschritten der Gruppe unterrichtet werden? Wer finanziert das Projekt? Welchen Platz hat es in der organisatorischen Struktur?

3. Die Entscheidungen

Wenn mehrere Personen gemeinsam eine Entscheidung fällen müssen, geschieht dies oft durch eine **Abstimmung**. So gelangt man zu einer Entscheidung, die von der Mehrheit getragen wird, während eine Minderheit unterliegt. Eine Entscheidung, die aufgrund einer Abstimmung getroffen wird, verursacht bei dieser Minderheit eine gewisse Unzufriedenheit oder sogar Frustration. Wie kann die Minderheit die Gruppe nach außen glaubwürdig vertreten? Wenn es darum geht, die Entscheidung der Gruppe zu verteidigen, ist eigentlich nur die Mehrheit befugt, im Namen der Gruppe aufzutreten. Wenn nun aber viele wichtige Entscheidungen gefällt werden müssen, entstehen immer wieder neue frustrierte Minderheiten, die nicht mehr für die Gruppe sprechen können. Nach und nach kommen für eine echte Vertretung der Gruppe nur noch zwei oder drei Personen in Frage, da sie die einzigen sind, die alle getroffenen Entscheidungen befürwortet haben. Dadurch sind nun allerdings diese zwei oder drei Personen ihrerseits zu einer Minderheit geworden – ein Teufelskreis, der keine fruchtbare Gruppenarbeit erwarten läßt. Dies sollten übrigens auch die Politiker bedenken, die eine Region oder ein Land oft genau auf diese Art und Weise regieren.

Die zweite Möglichkeit, zu einer Entscheidung zu kommen, ist der **Kompromiß**. Ausgehend von einer manchmal genialen Idee nimmt man rundum Kürzungen vor, bis man einen Kompromiß erreicht hat, das heißt, bis man eine Lösung gefunden hat, mit der sich jeder einverstanden erklären und gleichzeitig im Hintergrund seine eigenen Interessen wahren kann. Wie das Wort schon sagt, riskiert man dabei, die ursprüngliche Idee zu »kompromittieren« und äußerst konformistisch zu werden. In der Schweiz spricht man oft von einer Tendenz zum »gut schweizerischen Kompromiß«, ein konkretes Beispiel dafür, wie ein ganzes Volk in der Vorstellung lebt, die ganze Welt durch Kompromisse regeln zu können.

Die dritte Entscheidungsmethode, der **Konsens**, nimmt mehr Zeit in Anspruch, da die Gruppe so lange diskutieren und Alternativen entwickeln muß, bis alle überzeugt sind, daß die bestmögliche Lösung gefunden wurde. Zur

Vermeidung von Mehrdeutigkeiten ist es wichtig, sich auf gemeinsam festgelegte Ziele stützen zu können. Der Wille, Entscheidungen im Konsensverfahren zu treffen, könnte sogar in der Charta verankert werden. Auf diese Weise werden sich die Mitglieder der Gruppe solidarischer verhalten, motivierter sein und sich voll und ganz mit dem Unternehmen identifizieren. Dadurch wird es weniger oft zu Krisen (Stürmen) kommen, was der Gruppe einen beträchtlichen zeitlichen Spielraum für spätere Entscheidungen geben wird.

4. Die Kommunikation

Die Qualität der Kommunikationskultur ist für die Arbeit der Gruppe von entscheidender Bedeutung. Die gruppeninterne Kommunikation gestaltet sich enorm schwierig, wenn sie nicht von gegenseitigem Respekt und völligem Vertrauen geprägt ist, wozu sowohl der Sender als auch der Empfänger beitragen muß.

Der Sender muß die Gewißheit haben, daß der Empfänger ihm oder dem Gegenstand des Gesprächs Interesse entgegenbringt, ihm zuhört, versucht, ihn zu verstehen, und ihm frei von Vorurteilen begegnet. Ist dies der Fall, kann der Sender seine Gedanken, Meinungen und Gefühle kommunizieren.

Am Empfänger wiederum liegt es, aktives Zuhören zu praktizieren, und sich, wenn überhaupt nötig, erst nach den Ausführungen des Senders zu äußern. Zum aktiven

Zuhören gehört auch die richtige nonverbale Kommunikation (Gestik, Mimik etc.). Außerdem muß er dem Sender geben, was dieser erwartet: Interesse, vorurteilsfreie Aufmerksamkeit, Vertraulichkeit und Verständnis.

Gerüchte, Tratsch und Klatsch schaden jedem Unternehmen. Dazu eine Geschichte, die mir sehr gut gefällt:

Die drei Filter

Eines Tages kam ein Mann zu Sokrates, dem Weisen, und sagte:

- *»Hör mal! Ich muß Dir etwas erzählen, etwas sehr Wichtiges, und es geht dabei um deinen Freund. Er...«*

- *»Einen Moment!« unterbrach ihn Sokrates. »Hast du das, was du mir erzählen willst, schon durch die drei Filter fließen lassen?«*

- *»Von welchen drei Filtern sprichst du?« fragte der geschwätzige Mann ganz erstaunt.*

- *»Das werde ich dir sagen! Der erste Filter ist der Filter der Wahrheit: Bist du sicher, daß deine Geschichte wahr ist?« wollte Sokrates wissen.*

- *»Ich weiß nicht genau. Ich habe nur davon gehört.«*

- *»Dann hast du aber sicherlich den zweiten Filter nicht vergessen«, meinte der Weise. »Hast du geprüft, ob das, was du erzählen willst, gut ist?«*

- *»Nein, das habe ich auch nicht getan«, gab der Mann zu*

Kapitel 4

und errötete.

- *»Aber hast du denn wenigstens den dritten Filter benutzt und dich gefragt, ob die Geschichte über meinen Freund nützlich oder wichtig ist?«*

- *»Ob sie nützlich ist? Nein, das habe ich nicht«, stammelte der Mann.*

- *»Nun, wenn das, was du mir erzählen wolltest,* **weder wahr, noch gut, noch nützlich** *ist, dann behältst du es besser für dich!« lächelte Sokrates.*

(REBER, ECOLE ROMANDE)

5. Feedback

Der Duden definiert diesen englischen Ausdruck wie folgt: »(Kybernetik) zielgerichtete Steuerung eines technischen, biologischen oder sozialen Systems durch Rückmeldung der Ergebnisse, die darin besteht, daß die Ausgangsbedingungen des neuen Systemumlaufs von den Ergebnissen des vorangegangenen beeinflußt werden«.
Im Bereich der Kommunikation versteht man unter Feedback einen Informationsfluß aus Rückmeldungen in bezug auf eine Verhaltensweise, eine Aussage oder eine Handlung. Wichtig sind dabei vor allem jene Aspekte, denen wir uns nicht bereits selbst bewußt sind.
Das Johari-Fenster (entwickelt von Joseph Luft und Harry Ingham) stellt ein Modell dar, das zeigt, wie man Feedback einfordern und geben kann. Es unterscheidet vier

verschiedene Bereiche: die Arena, der blinde Fleck, die Maske und das Unbekannte.

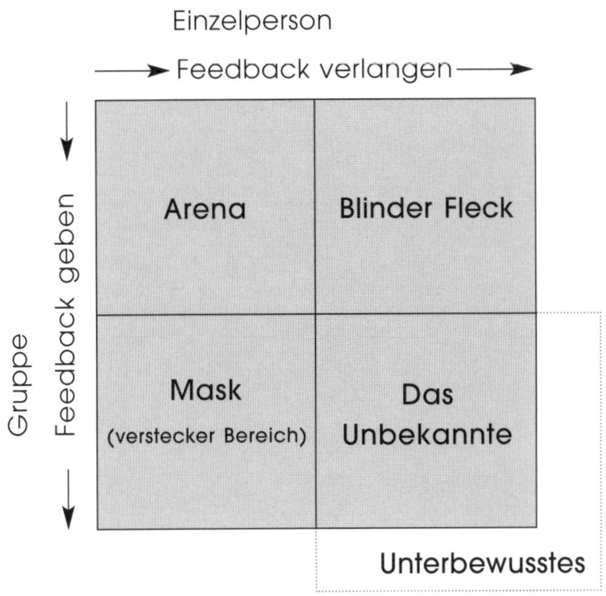

Eine positive Entwicklung erzielen Sie, indem Sie Feedback verlangen, um die Fläche der Bereiche des **blinden Flecks** und des **Unbekannten** zu verringern, und indem Sie Feedback geben, um die Bereiche der **Maske** und des **Unbekannten** zu verkleinern. Sprechen Sie dabei von Ihren Gefühlen und von Ihrer Wahrnehmung der Gruppe. In einer gesunden Gruppe kann so jeder mit der Zeit seine Arena vergrößern, wodurch die Kommunikation, die Grundlage für eine optimale Zusammenarbeit, erleichtert wird.

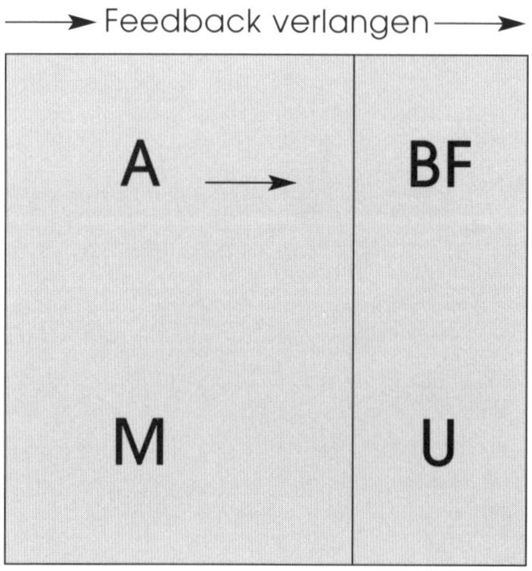

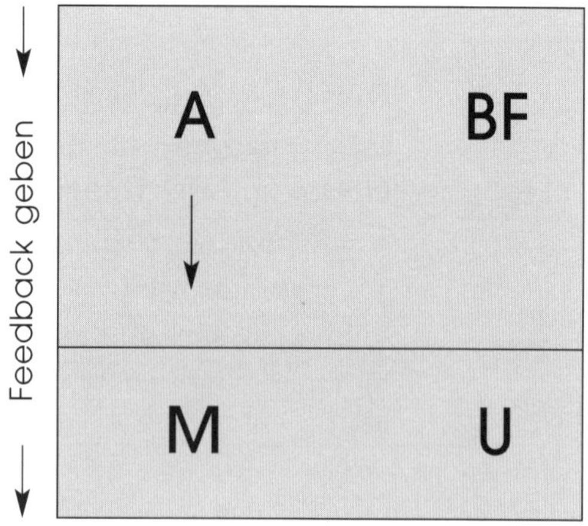

Dadurch, daß jedes Mitglied der Gruppe an der Entwicklung der beiden Achsen arbeitet, weitet sich die Arena ständig aus, was eine vertrauensvolle Zusammenarbeit fördert. Eine gute Feedback-Kultur erleichtert den gegenseitigen Informationsaustausch und die Teamarbeit. Die folgenden Beispiele zeigen verschiedene Entwicklungsmöglichkeiten.

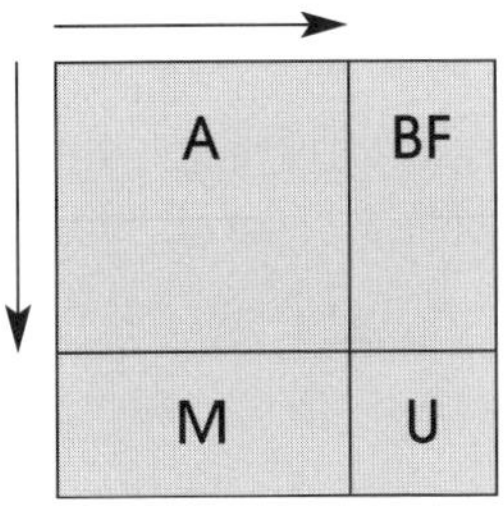

Ideales Fenster

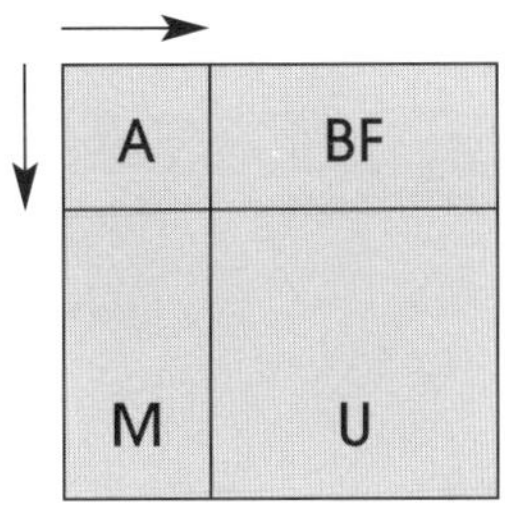

Interviewer (Journalist)

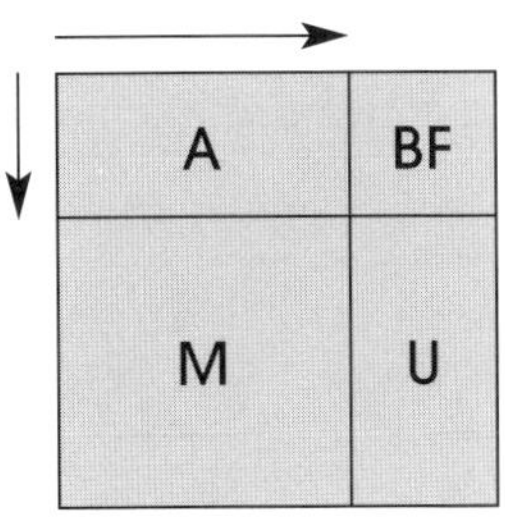

Elefant im Porzellanladen

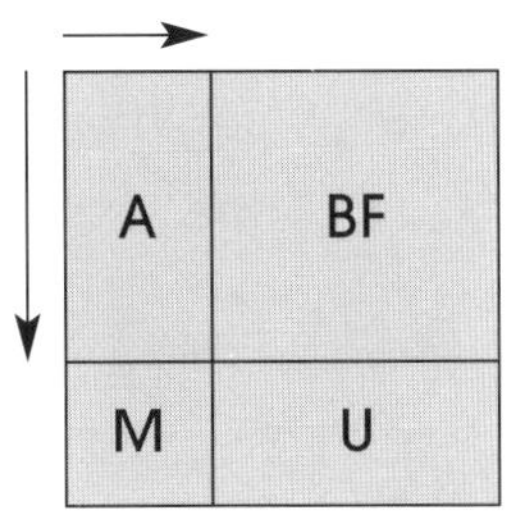

Schildkröte

Als Grundregel gilt, daß ein Außenstehender die Ursachen für Schwierigkeiten und die Verbesserungsmöglichkeiten schneller feststellen kann. Auf alle Fälle müssen im Verlauf dieses wertvollen Prozesses einige Regeln genau beachtet werden.

Die Person, die Feedback gibt,

- muß zwischen thematischen und persönlichen Elementen unterscheiden können;
- beschreibt konkret, auf welche Verhaltensweise, Aussage oder Handlung sie sich bezieht, und verwendet dabei Wendungen wie » ich denke ..., ich habe beobachtet, daß ..., für mich ist es ... « ;
- ist konstruktiv, indem sie positive und negative Aspekte erwähnt. Sie beginnt mit einem positiven Punkt, erwähnt dann, was sie stört, und beendet ihre Ausführungen mit einem weiteren positiven Element;
- wendet sich direkt an die betroffene Person;
- stützt sich auf Tatsachen und beantwortet die Fragen des Feedback-Partners;
- ist offen, ihrerseits Feedback von ihrem Gegenüber zu erhalten.

Die Person, die Feedback erhält,

- hört aktiv zu und stellt gezielte Fragen;

- verlangt, wenn nötig, eine genaue Beschreibung ihres Verhaltens;
- verzichtet darauf, sich zu rechtfertigen oder zu verteidigen;
- ist sich bewußt, daß das Feedback keinen Angriff darstellt, auch wenn manche Dinge vielleicht schmerzhaft sind;
- bedankt sich bei der anderen Person für das Feedback;
- analysiert die neuen Information und nimmt gegebenenfalls Korrekturen vor.

6. Die kritische Hinterfragung

Dank aktiver Kommunikation und gesunder Feedback-Kultur kann sich eine Gruppe ständig kritisch hinterfragen und so Fortschritte erzielen. Empfehlenswert ist es, regelmäßig (beispielsweise einmal pro Jahr) von der täglichen Arbeit Abstand zu nehmen, um eine strategische Standortbestimmung vorzunehmen und intensive selbstkritische Untersuchungen zu fördern.

7. Die Erholung

Für eine Gruppe spielt auch die Entspannung eine wichtige Rolle. Wir haben bereit beim Thema der Intuition gesehen, daß man sich hin und wieder ablenken sollte, wozu es im Rahmen der Gruppe verschiedene Möglichkeiten gibt. Sie können zum Beispiel zusammen Ausflüge machen, Sport treiben oder gemeinsam kochen und essen. Aktive Betätigung fördert Kreativität und Austausch innerhalb der Gruppe – Spiel und Sport ist deshalb einem mehrgängigen Essen vorzuziehen...

III Die Information der Mitarbeiter

Der Informationsfluß muß vollständig sein, also muß die Botschaft auch an die Mitarbeiter vermittelt werden. Damit diese schwierige Aufgabe mit Erfolg bewältigt werden kann, ist es unverzichtbar, daß die Gruppe

- Leistung erbringt und sich bei ihrer Arbeit an der Mission, den Zielen und der Charta orientiert;
- Entscheidungen unter Konsens trifft;
- über eine entwickelte Kommunikations- und Feedback-Kultur verfügt;
- sich regelmäßig kritisch hinterfragt und durch entspannende Aktivitäten die Harmonie pflegt.

Es ist Aufgabe der Gruppe, alle Mitarbeiter zu informieren, um so sicherzustellen, daß alle am gleichen Strick und vor allem auch in der gleichen Richtung ziehen. Geben Sie ihnen auch die Möglichkeit, sich zum Inhalt zu äußern und gemeinsam darüber zu diskutieren. Nehmen Sie ihre

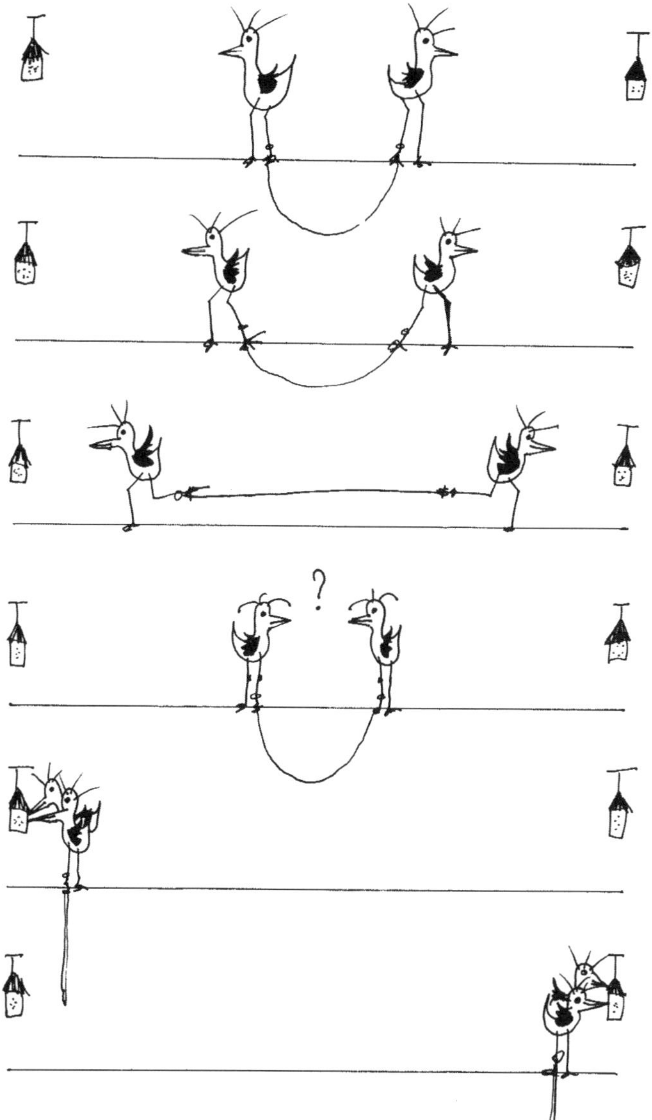

«Alle am gleichen Strick und vor allem
auch in der gleichen Richtung ziehen»

Anregungen ernst, und nehmen Sie Korrekturen vor, falls sich schwerwiegende Fehler zeigen.

Bei der Information der Mitarbeiter sind folgende Grundsätze zu beachten:

- Beteiligen Sie wie bei der Erarbeitung der Strategie auch beim Informationsvorgang alle Teammitglieder, und verlangen Sie die Anwesenheit einer Vertretung der Geschäftsleitung;
- Bereiten Sie die Informationen sorgfältig vor, wägen Sie die beste Form der Informationsvermittlung ab, und stellen Sie einen genauen Plan auf, der auch genügend zeitlichen Spielraum vorsieht;
- Benutzen Sie für die Kommunikation die Sprache der Mitarbeiter, und führen Sie wenn möglich visuelle Präsentationen für alle durch (Folien mit genügend großer Schrift);
- Eröffnen Sie nach der Vorstellung der Strategie die Diskussion;
- Untersuchen Sie in Gruppenarbeit die möglichen Auswirkungen auf den betrieblichen Alltag;
- Fassen Sie die wichtigsten Punkte am Ende noch einmal zusammen;
- Analysieren Sie den internen Rückfluß der Information und ziehen Sie daraus die notwendigen Schlüsse.

Weiten Sie die Information in einer zweiten Phase auf die anderen Zielgruppen aus, die von dieser Strategie betroffen sind. Dies bezieht sich vor allem auf:

- Die Kunden. Diese Gruppe sollten Sie zuerst informieren. Beteiligen Sie, falls dies möglich ist, bestimmte Kunden bereits an der Erarbeitung der Strategie. Die beteiligten Kunden werden für Sie auf dem Markt als Multiplikatoren auftreten;
- Die Wiederverkäufer und die Distributionskanäle;
- Die Beeinflusser;
- Die Lieferanten;
- Die zuständigen Instanzen des Marktumfelds, zum Beispiel die Gemeindeverwaltung.

Die Information kann wie zuvor beschrieben abgewickelt oder auch auf einfachere Weise unter Achtung der Grundregeln für öffentliche Informationsveranstaltungen organisiert werden.

IV Die Öffentlichkeitsarbeit

Bisher sind wir hauptsächlich von reibungslosen Abläufen ausgegangen, doch manchmal gibt es auch Schwierigkeiten, die nach anderen Reaktionen verlangen. Hier kommt die Öffentlichkeitsarbeit (PR) ins Spiel, deren Funktion sich mit dem folgenden Bild darstellen läßt:

Janus, ein römischer Gott, war in der Antike der Türwächter, der die Ein- und Ausgänge überwachte und deshalb immer mit zwei Gesichtern dargestellt wird. Diese beiden Gesichter können heute als Symbol für die Öffentlichkeitsarbeit gesehen werden: Ständig ist ein Blick nach innen, der andere nach außen gerichtet.

Die Öffentlichkeitsarbeit ist Aufgabe der Geschäftsleitung, die kontinuierlich danach strebt, ein Klima des Vertrauens und des Verständnisses aufzubauen, zu erhalten und weiterzuentwickeln. Die Geschäftsleitung muß ein offenes Ohr haben, und ihre wichtigste Rolle ist es, unternehmensintern und -extern regelmäßig Informationen weiterzugeben.

In kritischen Zeiten hören die Mitarbeiter von den neusten Entwicklungen häufig erst durch die Presse. Lückenhafte Informationen lösen rasch Gerüchte aus, und es ist deshalb wichtig, **gewisse Leitlinien zu befolgen**:

- Reagieren Sie schnell – schlechte Nachrichten verbreiten sich schneller als gute;

- Vermeiden Sie überhastete und negativ wirkende Dementis. Stützen Sie sich auf Ihr Wertesystem, und bereiten Sie Ihre Stellungnahmen sorgfältig vor. Vermeiden Sie negative Formulierungen, denn die Mitarbeiter werden die Negation oft überhören (Aus »Entlassungen sind nicht vorgesehen!« wird »Entlassungen sind vorgesehen!«);
- Bestimmen Sie die wahren (emotionalen und rationalen) Ursachen für die Gerüchte, bevor Sie reagieren;
- Machen Sie möglichst genaue Informationen;
- Nehmen Sie Einfluß auf die Schlüsselpersonen Ihres Unternehmens, denn sie sind jene, denen am meisten Gehör geschenkt wird;
- Antizipieren Sie zukünftige Probleme durch die Nutzung besserer Informationen;
- Verstärken Sie den Informationsfluß, um Gerüchte gar nicht erst entstehen zu lassen.

In kritischen Situationen ist die Information der Außenwelt unerläßlich. Außerhalb des Betriebs wird häufig auf schlechte Nachrichten gelauert. Verfolgen Sie hier deshalb die gleiche Vorgehensweise wie bei der Information der Mitarbeiter. Achten Sie vor allem auf Offenheit, und verstecken Sie nichts, denn die Journalisten werden die Informationslücken ohnehin eruieren, was Ihrer Glaubwürdigkeit enormen Schaden zufügen würde. Ergreifen Sie jede Gelegenheit, um klare Informationen über Ihr Unternehmen weiterzugeben, um so ein Klima des Vertrauens und des Verständnisses zu schaffen und zu erhalten.

V Die Rolle der Führungskräfte

In bezug auf das konkrete Vorgehen haben wir nun die persönliche Entwicklung, die Gruppenarbeit sowie die Information der Mitarbeiter und der Kunden beleuchtet. Den Führungskräften des Unternehmens, den direkten und indirekten Vorgesetzten und den Mitgliedern der Geschäftsleitung, fällt die wichtige Aufgabe zu, die Strategie zu konkretisieren und umzusetzen.[*] Die folgende, nicht erschöpfende Liste gibt einen Überblick über die Anforderungen an eine gute Führungskraft.

1. **Gehen Sie mit gutem Beispiel voran:** Halten Sie sich an die gefällten Entscheidungen und an die internen Regeln und Abmachungen – für Vorgesetzte gelten keine Ausnahmen, außer, daß sie länger arbeiten dürfen.

2. **Respektieren Sie die Mitarbeiter:** Hören Sie Ihnen aufmerksam zu, lassen Sie sie an Entscheidungen und Sitzungen teilnehmen, reden Sie nicht schlecht über sie, etc.

3. **Identifizieren Sie sich mit dem Unternehmen:** Zeigen Sie absolute Integrität, verhindern Sie das Entstehen von

Gerüchten, vermeiden Sie destruktive Kritik.

4. **Motivieren Sie die Mitarbeiter:** Übertragen Sie ihnen Aufgaben, Verantwortung und Kompetenzen, unterstützen Sie Kreativität, fördern Sie die Selbständigkeit der Mitarbeiter.

5. **Begeistern Sie sich und die anderen:** Begeisterung ist ansteckend und wird sich vorteilhaft auf die Mitarbeiter auswirken.

6. **Legen Sie Wert auf aktive Kommunikation:** Verhindern Sie das Entstehen von Gerüchten, indem Sie vollständige Informationen weitergeben, praktizieren Sie aktives Zuhören, greifen Sie überlegt und maßvoll ein, wählen Sie in der Öffentlichkeit die richtigen Worte.

7. **Üben Sie konstruktive Kritik:** Feedback muß in beide Richtungen, nach unten und nach oben, stattfinden. Machen Sie den ersten Schritt, um Feedback zu geben und zu erhalten.

Die Führungskräfte stehen am Ausgangspunkt eines Prozesses, der es der Organisation ermöglicht, ständig dazuzulernen und dadurch zu einer selbstlernenden Organisation zu werden. Ihr positives Verhalten führt zu einer kontinuierlichen Weiterentwicklung des Unternehmens auf allen Hierarchieebenen. Dazu muß sich aber auch der Vorgesetzte weiterbilden. Nichts ist endgültig, alles verändert sich, und dies mit wachsender Geschwindigkeit. Durch regelmäßige Weiterbildung bleibt der Vorgesetzte flexibel, offen und auf dem laufenden. So kann er zur Entwicklung neuer Ideen beitragen und seine Mitarbeiter bei der Umsetzung unterstützen.

Die Planung der Marktbearbeitung

Die Elemente, mit denen wir uns in den vorangegangenen Kapiteln befaßt haben, gehören zu einer Phase der Reflexion, wobei sich die Meditation, die Entwicklung von spirituellen Leitsätzen und das praktische Vorgehen ergänzen.

- Finden Sie Ihre eigene Form der **Meditation** für Ihr Unternehmen und Ihr Umfeld. Bündeln Sie Ihre Energien, indem Sie sich vor dem Handeln Zeit für sich und Ihr Team nehmen.
- Setzen Sie die **Leitsätze** in Ihrem Unternehmen durch die Vision und die klare Formulierung Ihrer Stoßrichtung um. Beachten Sie dabei Ihr höchstes Ziel und die entsprechenden ethischen und moralischen Grundsätze.
- Bereiten Sie das **Vorgehen** durch eine effiziente Planung vor, wie sie in diesem Kapitel beschrieben wird.

I Das Wertesystem

Viele Firmen haben ähnliche Leistungen anzubieten. Es wird deshalb zu einer wahren Herausforderung, herauszufinden, was das eigene Unternehmen einzigartig macht. Wie können wir für den Kunden einen echten Mehrwert schaffen, mit dem wir uns von den Konkurrenten abheben?
Bestimmen Sie die für Ihr Unternehmen typischen Werte in Teamarbeit, und erarbeiten Sie konkrete Sätze, so daß Sie Ihre schriftliche, telefonische und persönliche Kommunikation vereinfachen und vereinheitlichen können. Formulieren Sie diese Sätze aus der Sicht des Kunden. Dies erleichtert die Kommunikation, was das erste Ziel jedes Unternehmens sein muß. Nehmen Sie die Unterstützung eines externen Fachmanns in Anspruch. (Aries, Seite 18)

Einige Hinweise zur Erarbeitung Ihres Wertesystems

1. Definieren Sie das Produkt und die austauschbare Leistung.
2. Bestimmen Sie die Werte, die Sie einzigartig machen oder Sie von Ihren Konkurrenten unterscheiden. Beschränken Sie sich auf einige Schlüsselbegriffe.
3. Formulieren Sie vollständige Sätze. Beachten Sie dabei die im Anschluß an diese Liste aufgeführten Regeln.
4. Wenn Sie wollen, können Sie die Sätze durch Bilder ergänzen, die Ihre Kunden ansprechen.

5. Sorgen Sie dafür, daß jeder Mitarbeiter mit dem Wertesystem vertraut ist. Die Versprechen, die Sie Ihren Kunden abgeben, müssen von allen Mitarbeitern eingehalten werden. Stellen Sie sicher, daß alle Kundenkontakte qualitativ einheitlich abgewickelt werden.
6. Bringen Sie Ihre Firmendokumentation auf den neuesten Stand: Broschüren, Prospekte, Kataloge, Werbesendungen, Offerten, Bestellungsbestätigungen, Geschäftspapier etc.
7. Überprüfen Sie regelmäßig, ob Ihre schriftliche, telefonische und persönliche Kommunikation dem angestrebten Standard entspricht, indem Sie Mitarbeiter und Kunden beobachten und ihnen zuhören. Behalten Sie auch die Kennzahlen des Unternehmens im Auge, denn ein ausgereiftes und richtig eingesetztes System wird Ihre Argumentationstechnik verbessern, was wiederum direkte Auswirkungen auf die Ergebnisse haben wird.

Einige Regeln zur richtigem Formulierung

- Machen Sie ganze Sätze, und formulieren Sie aus der Sicht des Kunden.
- Vermeiden Sie die Ausdrücke »ich«, »wir« und »man«.
- Beginnen Sie Ihre Sätze mit Ausdrücken wie »Sie erhalten, Sie profitieren, Sie reduzieren, Sie steigern, Für Sie ist es...«. Möglich ist auch ein etwas weniger direkter Einstieg: »Durch... erhalten Sie, profitieren Sie, etc.«. Finden Sie eigene Formulierungen.

- Achten Sie darauf, daß Ihre Sätze folgende Elemente enthalten: Informationen, die der Kunde überprüfen kann (z.B. mit Zahlen belegte Garantien), greifbare, rationale Wörter und/oder lebendige, emotionale Punkte.
- Verwenden Sie Wörter, die für den Kunden wichtig sind: Sicherheit, Benutzerfreundlichkeit, Unabhängigkeit, Entwicklung, Geld, Kosten, Garantie etc.

Beispiel anhand eines Ausschnitts des Wertesystems dieses Buches

Durch dieses Buch werden Sie eine neue Denkweise entdecken, die rationale, emotionale und spirituelle Werte verbindet. Testen Sie die vorgeschlagenen Methoden, und wählen Sie Ihren eigenen Weg. Zahlreiche Checklisten eröffnen Ihnen individuelle Möglichkeiten.

II Der Verkaufsstufenplan

Achten Sie darauf, Ihre Organisation nicht zu überlasten. Unternehmen legen oft zu starkes Gewicht auf die Marktbearbeitung und vernachlässigen professionelle Ausführung und Nachfassung. Das Bessere ist des Guten Feind!

Stellen Sie für eine optimale Planung für jedes Marktbearbeitungsprogramm einen eigenen Verkaufsstufenplan auf (siehe Beispiel). Benutzen Sie immer die gleichen Achsen, damit Sie die verschiedenen Programme besser miteinander vergleichen können.

Beispiel Verkaufsstufenplan

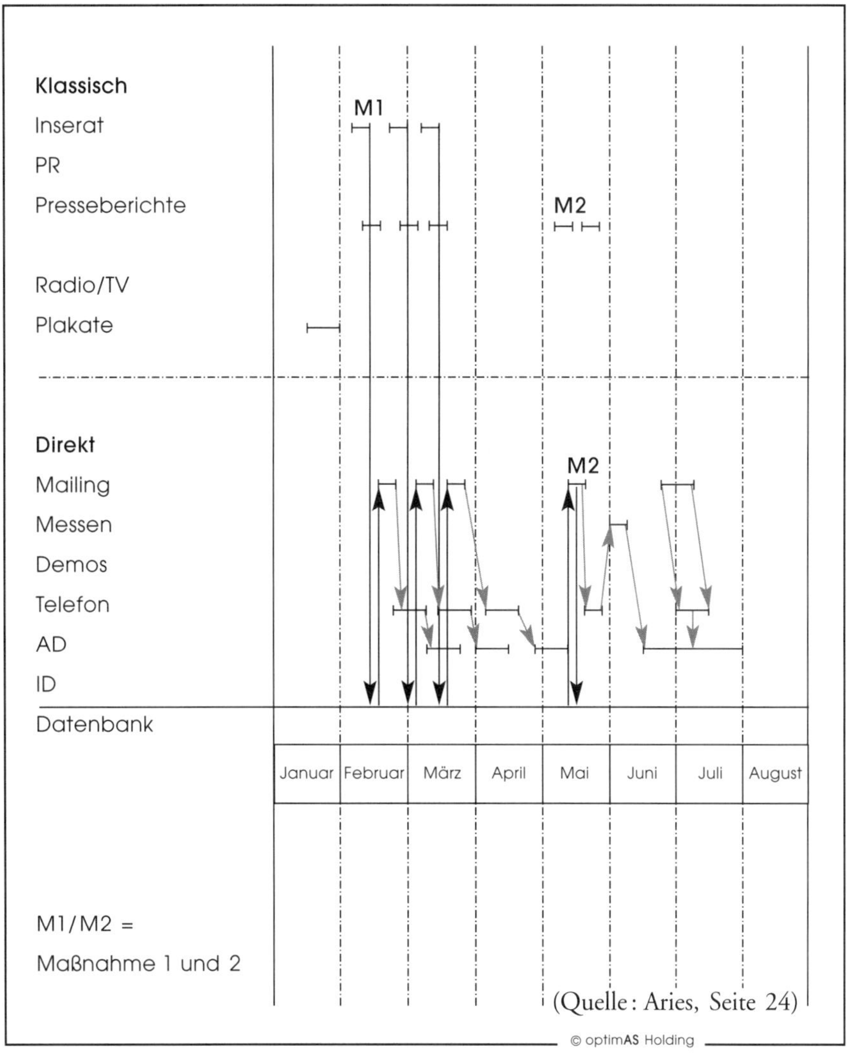

(Quelle: Aries, Seite 24)

Die X-Achse

Machen Sie eine Aufstellung der für die jeweilige Marktbearbeitung notwendigen Instrumente, geordnet nach dem Grad der Individualität des Kundenkontakts. Dies kann beispielsweise so aussehen:

- Öffentlichkeitsarbeit
- Fernseh- und Radiospots
- Plakatwerbung
- Anzeigen in der Tages- und Fachpresse
- Werbesendungen (Mailing)
- Telefonmarketing
- Messen und Ausstellungen
- Vertreterbesuch
- Anlässe wie Tag der offenen Tür, Seminare, Kundenworkshops etc.

Die Y-Achse

Planen Sie jeweils über einen Zeitraum von acht Monaten. Legen Sie die Planungsphasen so fest, daß sie sich um zwei Monate überlappen (zum Beispiel: Januar bis August, Juli bis Februar, Januar bis August etc.).
Im Vergleich zur klassischen Jahresplanung können Sie so häufiger eingreifen und notwendige Korrekturen anbringen. Dank der Überlappung können Sie außerdem das Jahresende-Syndrom verhindern (Beginn der Planung Anfang Januar) und das Sommerloch umgehen, das bei sechsmonatigen Planungsphasen unweigerlich entsteht.

Wenn der Einsatz jedes Instruments für jedes Programm sorgfältig geplant wird, können Sie die Diagramme verschiedener Programm übereinanderlegen und haben so potentielle Engpässe Ihrer internen Organisation sicher im Griff. Damit verfügen Sie über ein einfaches Planungs- und Koordinationsinstrument, das außerdem auch ein gutes Hilfsmittel für interne und externe Information und Instruktion darstellt.

III Die Ereigniskette

Die Instrumente der klassischen Werbung (Plakate, Spots, Anzeigen etc.), die für die Sensibilisierung, Information und Beeinflussung der Kunden eingesetzt werden, sind auf Einweg-Kommunikation ausgerichtet.

Der Verkaufsprozeß verlangt jedoch nach einem Dialog mit dem Kunden. Nehmen Sie die direkte Kommunikation mit Ihren Kunden auf, und veranlassen Sie sie zu Reaktionen. Instrumente für diesen Dialog sind Direktmarketing (Mailing, Telefonmarketing, Fax, Internet), Vertreterbesuche und Kontakte an den Verkaufspunkten (Schalter, Laden, Messen, Ausstellungen etc.).
Um konkret handeln zu können, muß die gesamte Ereigniskette von der Aufnahme bis zum Abschluß des Geschäfts geplant werden. Kontrollieren Sie jedes Element der Kette in bezug auf Umsetzungsfristen, Volumen und logische Reihenfolge.

Passen Sie die Auswahl der Instrumente dem Ziel des Programms an. Wenn Sie neue Kunden ansprechen wollen (Akquisitionsprogramm), werden Sie andere Instrumente einsetzen, als wenn Sie den Dialog mit der bestehenden Kundschaft erhalten (Kundenbindungsprogramm) oder Ihren Umsatz pro Kunde erhöhen wollen (Kundenentwicklungsprogramm). Im folgenden finden Sie einige Anregungen zum Akquisitionsprogramm.

1. Kontaktaufnahme

Verwenden Sie die klassischen Instrumente, um Reaktionen von Interessenten zu fördern, auszulösen oder zu provozieren. Die Kosten für diese Maßnahme sind relativ hoch. Ursache dafür ist der unvermeidliche Streuverlust (Kontaktaufnahme mit Personen, die nicht zu Ihrem Zielpublikum gehören und die nicht an einem Kauf interessiert sind).

Billiger, weil direkter und ohne Streuverlust agierend, sind die Instrumente des Direktmarketing. Allerdings müssen Sie sich dazu zuerst Adressen beschaffen, die Sie entweder kaufen oder mieten können. Beim Kauf gehören Ihnen die Adressen, bei der Miete dürfen Sie sie nur für eine Aktion benutzen.

Mit etwas Phantasie können Sie sich die Adressen, je nach Branche, auch auf anderem Weg beschaffen, zum Beispiel durch ein Preisausschreiben, einen Tag der

offenen Tür, oder indem Sie zufriedene Kunden um Adressen von Freunden und Bekannten bitten.
Direktmarketing verhilft Ihnen zu einem direkteren Zugang zu Ihrer Zielgruppe. Passen Sie Ihre Botschaft individuell an, und profitieren Sie von der Möglichkeit, die Wirksamkeit Ihrer Maßnahmen genau messen zu können, was bei klassischen Kommunikationsinstrumenten sehr viel schwieriger ist.

2. Die kontaktierte Person reagiert

Die Rücklaufquote eines Mailings an neue Adressen schwankt zwischen 0,1% und 3%, je nach Qualität der ausgewählten Adressen und des Mailings, Anreiz, Branche, Zeitpunkt etc.

Behandeln Sie die eintreffenden Anfragen schnell und gewissenhaft. Viele Unternehmen sind auf die Verarbeitung der Antworten nicht genügend vorbereitet oder haben oft sogar vergessen, diese Phase einzuplanen. Bereiten Sie die gemäß Ihrem im Mailing gemachten Angebot zu verschickenden Dokumente, die entsprechenden Offerten und die für die Ausführung der Bestellungen nötige Arbeitskapazität vor. Rechnen Sie außerdem auch mit telefonischen Nachfragen von Kunden, und berücksichtigen Sie die Kapazitätsgrenzen Ihres Außendiensts. Führen Sie bei denjenigen Personen, die eine Dokumentation oder eine Offerte erhalten haben, eine telefonische Nachfassung durch.

3. Die kontaktierte Person reagiert nicht

Aufgrund der typischen Rücklaufquote reagieren 97% bis 99,9% der kontaktierten Personen nicht auf Ihr Angebot. Bedeutet dies nun, daß diese Personen tatsächlich nicht interessiert sind, oder kann es nicht auch sein, daß sie Ihr Angebot nicht wahrgenommen, nicht gelesen oder nicht verstanden haben? Ein einmaliger Vorstoß ist noch lange kein Programm. Sehen Sie von Anfang an eine zweite Kontaktaufnahme vor.

So können Sie zum Beispiel ein zweites Mailing an die bereits angeschriebenen Adressen verschicken, und zwar in Form eines neuen Briefs, der aber das gleiche Basisangebot enthält.

Die andere Möglichkeit ist die telefonische Nachfrage. Damit haben Sie, im Gegensatz zum Mailing, auch die Gewißheit, daß sich die meisten kontaktierten Personen auch wirklich mit Ihrem Angebot beschäftigen, bevor sie ihre Entscheidung fällen.

Die Verhaltensweisen der heutigen Gesellschaft deuten darauf hin, daß das Telefon das Kommunikationsmittel der Zukunft ist. Wenn Sie es korrekt einsetzen, wird es Ihnen dabei helfen, Geschäfte nach allen Regeln der Kunst abzuschließen, zum Besten Ihrer Kunden und zum Vorteil Ihres Unternehmens.

Ereigniskette

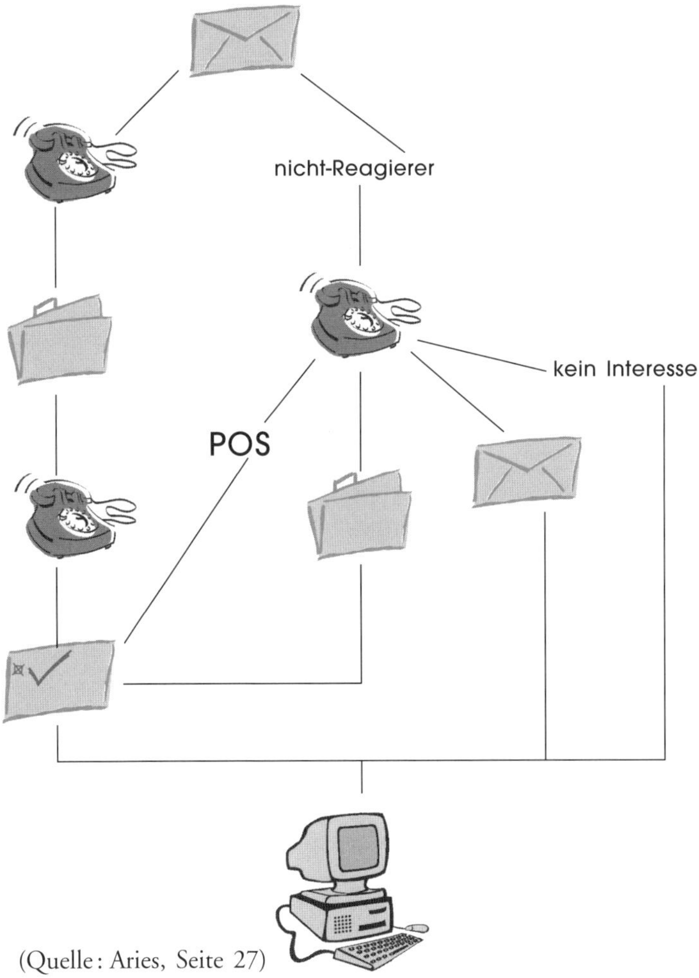

(Quelle: Aries, Seite 27)

IV Die Datenbank

Führen Sie eine ständig aktualisierte Datenbank all ihrer Kundenkontakte. Die darin enthaltenen Daten müssen es Ihnen im Rahmen Ihres Gesamtprogramms ermöglichen, auf jeden Ihrer Kunden eine individuelle Nachfassung zuzuschneiden. Wenn der Kunde Interesse zeigt, was dem Idealfall entspricht, schicken Sie ihm die entsprechenden Unterlagen, und bereiten Sie die telefonische Nachfassung vor. Die Datenbank muß Sie in diesem Vorhaben unterstützen, indem Sie ihr entnehmen können, wen Sie wann und wie kontaktieren sollen.
Für den weit häufigeren Fall, daß Ihr potentieller Kunde nicht antwortet, muß Sie die Datenbank darüber informieren, von welchen Adressen Sie keine Reaktion erhalten haben. Nach der telefonischen Nachfassung muß es möglich sein, die Datensätze mit zusätzlichen Informationen über den Kunden zu ergänzen. Die Datenbank wird Ihnen dann später Auskunft darüber geben, wie Sie weiter vorgehen sollen.

Einige Anmerkungen zu den Adressen und zur Datenbank

1. **Mehrwert für den Kunden:** Falls die Datenbank professionell geführt wird und mehr Informationen als nur Namen und Adressen enthält, ermöglicht sie Ihnen, spezifische Zielgruppen sehr genau zu definieren. Durch Kriterien des Lebensstils beispielsweise können Sie eine ganz

bestimmte Gruppe von Kunden ermitteln, denen Sie ein auf ihre Bedürfnisse zugeschnittenes Angebot unterbreiten und somit einen echten Mehrwert anbieten können. Durch diese Anpassung des Angebots an die Zielgruppe können außerdem die Kosten reduziert, die Papierflut eingedämmt und die Rücklaufquote erhöht werden.

2. **Die zweite Chance:** Der Konsument wird heutzutage von Informationen überschwemmt, und es kann deshalb durchaus passieren, daß er die Werbesendung Ihres Unternehmens ignoriert oder sich nicht die Zeit nimmt, Ihr Angebot genau anzusehen. Das will aber nicht heißen, daß er nicht dafür zu interessieren ist. Es ist daher unbedingt angebracht, ihm – und natürlich auch Ihnen – eine zweite Chance zu geben, damit er doch noch vom Wert Ihres Angebots profitieren kann. Planen Sie diesen Schritt von Anfang an mit ein, und strukturieren Sie Ihr Datenbankprogramm entsprechend.

3. **Respekt:** Manche Leute wollen keine Werbesendungen erhalten. Geben Sie Ihnen die Möglichkeit, mit der Antwortkarte auf weitere Werbung zu verzichten. So können Sie in Zukunft Portokosten sparen und Ihr Markenimage bei diesen Leuten oder bei potentiellen Kunden verbessern.

4. **Statistiken:** Nutzen Sie Ihre Datenbank für die Erstellung von Statistiken. Bestimmen Sie die Rücklaufquoten Ihrer

Mailings in bezug auf einzelne Zielgruppen und Angebote. Bei einer Anzeige können Sie die Anzahl der telefonischen Reaktionen und der zurückgeschickten Antwortcoupons auswerten. Jedes Element des Mailings oder der Anzeige beeinflußt das Ergebnis und kann eingehend analysiert werden. Beschäftigen Sie sich mit den Aussagen der verschiedenen Instrumente – Sie werden Ihre zukünftigen Marktbearbeitungsprogramme dadurch optimieren können.

5. **Harte Arbeit:** Die Führung einer Datenbank ist harte Arbeit, doch gute Adressen sind wichtiges Kapital für das Unternehmen. Um nach allen Regeln der Kunst arbeiten zu können, vergessen Sie nicht, die rechtliche Situation in Ihrem Land abzuklären.

V Einschätzung der Volumen und Kosten

Nehmen Sie in Einklang mit Ihren Zielen und Ihrem Budget im voraus eine Einschätzung der Volumen und Kosten Ihrer verschiedenen Botschaften vor. Von nun an haben Sie die Struktur des Verkaufsprozesses in Ihren Händen und können beispielsweise die Anzahl der zu führenden Telefonate bestimmen. Aufgrund von Erfahrungswerten sollte es Ihnen auch möglich sein, die Rücklaufquote und das Ausmaß der Mehrarbeit für Ihre Mitarbeiter einzuschätzen. Dank eines klaren Gesamtüberblicks über alle Programme und Transparenz der einzelnen Programme ist Ihnen eine harmonische Umsetzung und optimale Wirksamkeit sicher.

VI Die Kommunikationskette

Für den Kunden ist es unmöglich, Ihr gesamtes Angebot auf einmal kennenzulernen. Daher ist es angebracht, Ihre Informationen über den gesamten Verkaufsprozeß zu verteilen. Kommunizieren Sie Ihrem Kunden bei jedem Kontakt einen weiteren Vorteil, und halten Sie für den Abschluß des Geschäfts und für den Moment der unvermeidlichen Frage nach einem Preisnachlaß eine zusätzliche Wertsteigerung bereit. Gehen Sie mit Rabatten nicht zu freigebig um, da eine Preissenkung immer auch mit der Qualität des Produkts und der Leistung in Verbindung gebracht wird.

Greifen Sie in dieser Phase auf die Ereigniskette zurück, und machen Sie von Ihrem zuvor aufgestellten Wertesystem Gebrauch. Das Ergebnis Ihrer Arbeit wird sich in den Mailings, dem Telefonleitfaden (Skript für Gespräche), den Offerten, der Geschäftskorrespondenz etc. niederschlagen.

Beispiel einer Kommunikationskette

Mailing	Erster Brief
Einführung	- Hard- und Software aus einer Hand
	- Betreuung, Schulung Ihrer Mitarbeiter sind uns nicht gleichgültig

	- Der Fach-Händler ist eine Garantie für Sie - Kontinuität bei den Systemen und Programmen
Antwort	**Coupons** JA, Senden Sie mir Ihre ausführlichen Unterlagen
Stufe I	**Versand der Dokumente** In der Beilage erhalten Sie Unterlagen zu den Systemen... Prospekte sind gut, eine Besichtigung wäre besser. Rufen Sie uns doch zur Terminvereinbarung an Herr... steht für Sie bereit
Stufe II	**Zweiter Brief** Vor 10 Tagen haben Sie Unterlagen erhalten. Das Wichtigste in Kürze: - Hardware - Software - Schulung Zur Klärung allfälliger Fragen stehen wir Ihnen gerne zur Verfügung. Um Ihnen eventuell die Entscheidung zu erleichtern, versuchen wir Sie zu erreichen.
Stufe III	**Telefonische Nachfassung** Zweiter Brief erhalten Persönliche Beratung. Vorab 2-3 kurze Fragen 1. schon EDV? 2. System, Alter und Finanzierung? 3. Pläne für die Zukunft? Persönliches Gespräch. Aufzeigen vieler Möglichkeiten Software kennenlernen. Vorführung bei Ihnen eher limitiert, vor allem in Showroom alles möglich.
Stufe IV	**Dritter Brief** Vielen Dank für Telefongespräch. Verstehe Ihre Situation sehr gut. Der Fach-Händler bietet Ihnen vor allem folgende Vorteile: - Kontinuität, Sicherheit, aktuellstes Wissen - Beratung auf hohem Niveau Vor einem zukünftigen Entscheid an uns denken Damit das leichter fällt, Einkaufsgutschein über Fr. 50.- liegt bei.

(Quelle: Aries, Seite 31)

VII Die Instrumente

Bereiten Sie je nach Botschaft die entsprechenden Instrumente vor. Im folgenden finden Sie einige zusätzliche Anmerkungen zum Einsatz der Instrumente Mailing und Telefon, zwei Hilfsmittel, die oft falsch verwendet werden. Die Prinzipien und Grundregeln gelten dabei auch für andere Instrumente.

Mailing

- **Briefe:** Durch einen erhöhten Grad der Personalisierung werden die besten Resultate erzielt. Ihre Werbesendung sollte das Aussehen eines individuellen Geschäftsbriefs haben. Kurze Briefe werden im allgemeinen eher gelesen. Fügen Sie ein P.S. an, in dem Sie Schlüsselelemente noch einmal aufnehmen oder um eine Reaktion bitten. Verwenden Sie einen einfachen Schreibstil, und formulieren Sie möglichst oft aus der Sicht des Kunden. Erwähnen Sie im »Betreff« den Wert für den Kunden, und finden Sie dafür einen Titel, der Aufmerksamkeit erregt.

- **Die Offerte:** Präsentieren Sie eine interessante und reichhaltige Offerte. Bieten Sie vielfältige Optionen für verschiedene Bedürfnisse und finanzielle Möglichkeiten an. Ein Bild sagt dabei oft mehr als tausend Worte, die Sie daher sehr bewußt einsetzen sollten. Um möglichst viele verschiedene Lesertypen anzusprechen, achten Sie beim

Layout auf die richtige Mischung von großen Titeln, Zusammenfassungen und Lauftext.

- **Verstärkendes Argument:** Steigern Sie das Interesse durch ein spezielles Angebot, einen Wettbewerb oder ein Geschenk. Fordern Sie den Leser mehrmals an verschiedenen Stellen zu einer Antwort auf. Führen Sie diese Elemente groß und gut lesbar auf.

- **Der Antwortteil:** Ihr Brief sollte einen Antwortteil in Form eines Coupons, eines Bestellscheins etc. enthalten. Dieser Teil kann direkt in das entsprechende Antwortmittel (z.B. Karte) integriert sein.

- **Antwortmittel:** Es ist unbedingt erforderlich, verschiedene Antwortmöglichkeiten anzubieten, da es in dieser Beziehung verschiedene Vorlieben gibt. Um dem Kunden entgegenzukommen und um die Rücklaufquote zu erhöhen, können Sie eine für den Kunden kostenlose Methode wählen. Der frankierte Briefumschlag und die Geschäftsantwortkarte sind die bekanntesten Mittel. Die gebührenfreie Telefonnummer und der Faxabruf haben ebenfalls bereits Anklang gefunden, und auch Internet-Homepages und E-Mail-Adressen werden zunehmend eingesetzt.

- **Weitere Elemente:** Legen Sie je nach Angebot einen Gegenstand bei, um durch die dritte Dimension zusätzliche Aufmerksamkeit zu erregen. Auch Aussagen von zufriedenen Kunden oder bekannten Persönlichkeiten (Testimonials) kommen gut an.

Telefon

Einen Brief kann man ausfeilen, ein zweites Mal lesen, korrigieren etc., und an der Vorbereitung eines effizienten Mailings ist ein ganzes Team beteiligt. Am Telefon stehen Sie alleine in direktem Kontakt mit Ihrem Kunden, und es ist unmöglich, den Verlauf des Gesprächs hinterher zu verändern, zu korrigieren oder zu überarbeiten. Was gesagt ist, ist gesagt. Am Telefon haben Sie nur eine Möglichkeit, Ihren Gesprächspartner zu überzeugen. Sollte Ihnen das nicht gelingen, werden Sie kaum eine zweite Chance bekommen.
Bei den Anrufen unterscheidet man zwischen aktiven Telefonaten (Outbound), bei denen das Unternehmen die Kunden kontaktiert, und passiven Telefonaten (Inbound), bei denen der Kunde selbst anruft.
Für die aktiven Telefonate gilt, daß Sie nur die aktuellen Privatkunden sowie Unternehmen (aktuelle oder potentielle Kunden) anrufen sollten. In einigen Ländern ist es verboten, Privatpersonen anzurufen, mit denen nicht bereits eine Geschäftsbeziehung besteht (Kaltakquisition). Verzichten Sie lieber auf solche Aktionen, statt daß Sie sie später aufgrund der Gesetzeslage abbrechen müssen. Um Interesse zu wecken, benutzen viele Unternehmen unsaubere Methoden wie Lügen und falsche Versprechungen. Das Telefon ist für alle interessant, wenn es vernünftig eingesetzt wird. Tragen Sie dazu bei, das schlechte Image dieses wirksamen und interessanten Hilfsmittels durch Ihr ehrliches Telefonmarketingprogramm zu verbessern.

Das Konzept der passiven Telefonate ist schon lange bekannt, und die Entwicklung der Anzahl der Anrufe ist eindrücklich. Immer mehr Unternehmen erkennen dieses Phänomen und richten aus verschiedenen Gründen Call Centers ein. Dabei handelt es sich um eine Abteilung innerhalb eines Unternehmens, die sich mit der gesamten Abwicklung der eingehenden Anrufe befaßt. Die Call Centers sind hauptsächlich damit beschäftigt, passive Telefonate zu beantworten. In einer zweiten Phase, falls die entsprechende Arbeitskapazität vorhanden ist, können sie auch aktiv werden, um beispielsweise die Nachfassung von Offerten oder die zweite Kontaktaufnahme bei Kunden vorzunehmen.

Für die Planung eines Telefonmarketingprogramms ist die Hilfe eines Fachmanns unerläßlich, der die Mitarbeiter und das Skript für das Gespräch vorbereitet. Planen Sie die notwendigen personellen, materiellen und finanziellen Ressourcen ein. Die folgenden Punkte sollten in einem Skript für ein aktives Telefonmarketing enthalten sein, bei dem der Entscheidungsträger nicht bekannt ist. Ein Beispiel dafür ist die Vereinbarung eines Termins mit einem Vertreter des Außendiensts.

1. Entscheidungsträger ausfindig machen.
2. Entscheidungsträger begrüßen.
3. Beziehung aufzeigen, Verbindung schaffen.
4. Interesse wecken.
5. Fragen stellen (eventuell in Form eines Fragebogens).

6. Nutzenargumente.
7. Abschlußfragen.
8. Verstärkende Argumente.
9. Einwandsbehandlung.
10. Verabschiedung.

Die beiden Beispiele der Instrumente haben gezeigt, wie wichtig die Vorbereitung der Hilfsmittel für die Marktbearbeitung ist. Der Verkauf ist ein Prozeß, der sich über mehrere Etappen erstreckt, und Ihre Botschaften müssen den Zielen der jeweiligen Etappe angepaßt werden.

Die Umsetzung

Die Erarbeitung der Strategie und die Planung der Umsetzung sind notwendige Schritte, um unsere Kräfte zu kon**zentrieren** und den Einsatz der finanziellen und personellen Ressourcen zu optimieren. Gleichzeitig soll dadurch auch die zukünftige Entwicklung auf der Grundlage des aktuellen Wissens eingeschätzt werden. Es versteht sich allerdings von selbst, daß vieles dennoch unberechenbar bleibt und daß Sie auch mit noch so großer Erfahrung nicht alles vorhersehen können.

I Die Überprüfung

In einer Testphase überprüfen wir, ob wir die richtigen Entscheidungen getroffen haben oder ob wir noch Änderungen vornehmen müssen. Wie bei der Analyse gilt es auch hier, jedes Element, das Auswirkungen auf das

Endergebnis haben könnte, sorgfältig zu prüfen.

Überprüfen Sie zum Beispiel:

- die Bestimmung der Zielgruppe für die angebotenen Produkte oder Leistungen;
- die Übereinstimmung Ihrer Positionierung mit Verpackung, Marke, Preis etc.;
- die Wahrnehmung Ihrer Kommunikation, der Marke, der Verpackung etc. durch Ihr Zielpublikum;
- die Akzeptanz des Preisniveaus;
- die Wirksamkeit der Instrumente zur Marktbearbeitung;
- die Reaktion der Beeinflusser und eventuell auch der Konkurrenten.

Für die Überprüfung dieser Elemente haben Sie verschiedene Möglichkeiten, wie etwa:

- **die qualitative Studie:** eingehende Interviews oder Gruppendiskussionen mit einigen wenigen Vertretern der Zielgruppe;
- **die quantitative Studie:** Umfrage bei einer größeren Zahl von Vertretern der Zielgruppe;
- **die Beobachtung:** Untersuchung des Verhaltens einer Zielgruppe bei überwachten Tests;
- **der Testmarkt:** In einem leicht zu isolierenden (z.B.

geographisch begrenzbaren) Markt werden die zu überprüfenden Elemente versuchsweise eingesetzt (als vollständiger Marketing-Mix oder als Teilmix).

Sinnvoll sind außerdem Gespräche über Ihr Projekt mit

- **Fachleuten** – aus der gleichen Branche oder aus anderen Bereichen;
- **Laien:** Spontane und nicht von Sachkenntnis gefärbte Beobachtungen können versteckte Schwächen aufdecken.

In der Praxis habe ich oft die Erfahrung gemacht, daß sich diese Gespräche als äußerst nützlich erwiesen haben. Manche Reaktionen, die man dabei erhält, sind motivierend, während andere, unseren Enthusiasmus bremsen können. Dies ist aber nicht schlimm, solange es uns gelingt, zwischen konstruktiven Hinweisen und Bemerkungen, die Ausdruck übertriebener Vorsicht und übermäßig Scheu vor dem Risiko sind, zu unterscheiden.

Trotz dieser Tests sind Sie nicht vor dem Einfluß unberechenbarer Faktoren geschützt, und Sie müssen daher die ersten quantitativen (Zahl der Kontakte, der Antworten, der Offerten, der Verkäufe etc.) und qualitativen Ergebnisse (Kundenreaktionen, unvorhergesehene Einwände etc.) genau verfolgen. Außerdem müssen Maßnahmen vorgesehen werden, um mit angepaßten Interventionen rasch auf Abweichungen reagieren zu können.

Sollten Sie aus Gründen des Zeitdrucks, der finanziellen Mittel, weil Sie den Markt bereits gut kennen oder aus anderen Gründen auf Tests verzichten, ist es um so wichtiger, mit noch höherer Aufmerksamkeit die ersten Ergebnisse unter die Lupe zu nehmen.

II Die Ausbildung

Die Kampagne muß von Ihren Mitarbeitern umgesetzt werden, und wie wir im vierten Kapitel gesehen haben, ist es wichtig, daß alle Mitarbeiter mit der Strategie vertraut sind. Die Mitarbeiter, die direkt oder indirekt an der Marktbearbeitung beteiligt sind, müssen durch Schulung, Training und Begleitung auf Ihre Aufgaben vorbereitet werden.

Im Bereich der Ausbildung ist es sinnvoll, die folgenden Grundregeln zu beachten:

1. **Die aktuelle Situation:** Die Ausbildung basiert auf einer Analyse der gegenwärtigen Situation. Bevor mit der Ausbildung begonnen werden kann, muß der aktuelle Stand der Dinge bestimmt werden.

2. **Das Ziel:** Die Ausbildung steht in direkter Verbindung mit einem Marktbearbeitungsprogramm. Wenn Sie beispielsweise ein neues Produkt einführen, sollten Sie sich bei der Schulung Ihrer Mitarbeiter auf die einzelnen Phasen des Programms beziehen. Vermeiden Sie eine globale

oder theoretische Ausbildung, die keinen direkten und unmittelbaren Bezug zur praktischen Arbeit Ihres Unternehmens hat.

3. **Der Zeitpunkt:** Der Zeitraum zwischen Ausbildung und Anwendung ist sehr kurz. Um die Wirksamkeit der Schulung zu erhöhen, ist es sinnvoll, die Anwendungsphase in die Ausbildung zu integrieren und danach sofort zum Marktbearbeitungsprogramm überzugehen.

4. **Die Teilnehmer:** Alle Mitarbeiter werden einbezogen. Jeder Mitarbeiter, der direkt oder indirekt mit Kunden im Kontakt steht, also auch die Telefonistin oder der Fahrer, muß geschult werden. Doch der Kreis der Teilnehmer muß auf alle Mitarbeiter erweitert werden, und es versteht sich von selbst, daß sich auch der zuständige Vorgesetzte dieser Ausbildung unterzieht.

5. **Das angemessene Vorgehen:** Die Ausbildung richtet sich nach dem Kenntnisstand. Passen Sie das Niveau und den Inhalt der Schulung den individuellen Kenntnissen der Teilnehmer an.

6. **Das Übungsfeld:** Ausbildung bleibt Ausbildung. Fehler während der Schulung sind erlaubt, ja sogar erwünscht. Bewerten Sie einen Teilnehmer nicht aufgrund seines Verhaltens in der Ausbildung. Erlauben Sie ihm, Dinge zu lernen und auszuprobieren und dabei Fehler zu machen, die sich so später im Ernstfall vermeiden lassen.

7. **Die Spielregeln:** Wie beim Fußball müssen auch bei der

Ausbildung klare Spielregeln gelten. Es wird immer auch einige widerspenstige, »schwierige« Teilnehmer geben. Akzeptieren Sie kein ungebührliches Verhalten, und sorgen Sie dafür, daß die Spielregeln eingehalten werden und ein gewisser Mindestgrad an Höflichkeit beachtet wird.

Für die Ausbildung können interne oder externe Fachkräfte verpflichtet werden. Für einen internen Ausbildner spricht, daß er die Ausgangslage, die Produkte und die Personen oft besser kennt und daß seine Verpflichtung geringere Kosten verursacht. Diese Methode der Ausbildung eignet sich vor allem für die Vermittlung von Wissen über Produkte, Abläufe etc. In allen anderen Fällen empfiehlt es sich, externe Ausbildner beizuziehen.
Die Vorzüge des externen Ausbildners sind, daß er meist über breite methodische und didaktische Erfahrung verfügt und bei den Mitarbeitern besser ankommt, da er neutral und vorurteilsfrei ist. Seine Kenntnisse über andere Unternehmen und andere Branchen machen ihn glaubwürdiger. Es ist allerdings notwendig, die Firma, die mit der Ausbildung betraut werden soll, sorgfältig auszusuchen. **Dazu dienen die folgenden Kriterien:**

1. **Die Philosophie:** Welche Philosophie verfolgt der Anbieter? Wie arbeitet er mit seinen Kunden zusammen? Nach welchen Prinzipien geht er vor?

2. **Die Größe:** Wieviele Mitarbeiter beschäftigt der Anbieter? Dies ist wichtig, um zu sehen, ob es möglich ist,

einen Ausbildner im Bedarfsfall zu ersetzen oder, bei größeren Projekten, mit einem Team von Ausbildnern zu arbeiten, die nach der gleichen Philosophie und den gleichen Prinzipien vorgehen.

3. **Die Erfahrung:** Welche Erfahrung und welche Referenzen hat der Anbieter? Je größer seine Erfahrung, desto reichhaltigere Kenntnisse können den Teilnehmern vermittelt werden!

4. **Die Schulungsmethoden:** Welche Methoden werden hauptsächlich verwendet? Es ist wichtig, daß die Ausbildner alle Methoden beherrschen. Im Idealfall hat der Anbieter eine eigene Methode entwickelt, die sich in der Praxis bereits bewährt hat.

5. **Der Umfang des Angebots:** Der Anbieter muß alle vier Phasen der Ausbildung abdecken: Sensibilisierung, Wissensvermittlung, Training und Begleitung. Viele Anbieter von Schulungen beschränken sich auf Wissensvermittlung und Training. Es ist jedoch wichtig, daß die Ausbildner auch in der Lage sind, die Mitarbeiter zu sensibilisieren und vor allem im Ernstfall zu begleiten. Ein »Trockentraining« ist nicht mehr als graue Theorie, solange keine Verbindung zur Praxis geschaffen wird.

6. **Die Beispielfunktion:** Der Anbieter muß im Rahmen seines eigenen Unternehmens mit gutem Beispiel vorangehen. Auch die Ausbildner müssen sich regelmäßig weiterbilden. Das entsprechende Vorgehen muß klar definiert sein, so daß die Ausbildner den Teilnehmern als

Beispiel dienen können. Der Ausbildner muß in der Lage sein, ihnen Abläufe in Rollenspielen und echten Situationen zeigen zu können.

7. **Kostentransparenz:** Wie hoch ist der Preis pro Tag? Wie schlagen sich die Vorbereitung, die Dokumente, die Spesen etc. in den Kosten nieder?

Ein wichtiges Element der Ausbildung ist die Erfolgskontrolle. In bezug auf die angestrebten Ziele kann man »kontrollieren«, ob die Materie erfolgreich vermittelt wurde, ob sich die Einstellung oder das Verhalten verändert hat, etc. Die Ausbildung muß dabei auf drei Ebenen bewertet werden:

1. **Während der Schulung:** Mit Hilfe des Dialogs kann der Ausbildner überprüfen, ob die Kursmaterie verstanden wurde. Er kann beobachten und feststellen, ob eine Entwicklung stattfindet. Dank seiner Erfahrung kann der Ausbildner diese Erfolgskontrolle, die fester Bestandteil jeder Schulung sein muß, sehr einfach durchführen.

2. **Am Ende der Schulung:** Es ist sinnvoll, für das Ende der Ausbildung einen Meinungsaustausch einzuplanen. Dabei geht es nicht darum, den Wissensstand zu überprüfen, sondern vielmehr darum, abzuklären, ob die Ziele der einzelnen Teilnehmer und der Gruppe erreicht wurden. Entsprachen die Leitung des Kurses, der Schulungsort, die vermittelte Materie etc. den Bedürfnissen? Welche Aspekte waren positiv, welche Elemente müssen verbessert werden?

3. **Nach der Schulung:** In Anbetracht der gesteckten Ziele ist es unbedingt notwendig, zu prüfen, welche Früchte die Ausbildung trägt. Idealerweise besteht ein Ausbildungszyklus aus zwei Schulungsblöcken mit einem Praxisteil dazwischen. Die Nachkontrolle kann in diesem Fall im Rahmen des zweiten Schulungsblocks stattfinden. Treffen zum Erfahrungsaustausch, zum Beispiel als Abschluß eines mehrgliedrigen Zyklus, erleichtern ebenfalls die Standortbestimmung und erweisen sich oft als sehr positive Elemente. Die Kursführung muß den Teilnehmer zum Erfolg führen, damit man sagen kann, daß das wahre Ziel der Ausbildung erreicht wurde.

III Sich Zeit nehmen ...

Das Programm umfaßt die Festlegung des Zeitpunkts der Einführung, die Ausführung der Maßnahmen gemäß der zuvor aufgestellten Planung sowie die Begleitung der Mitarbeiter, um die harmonische Umsetzung sicherzustellen. Im folgenden wird auf diese drei Phasen näher eingegangen. Die kontinuierliche und abschließende Kontrolle, die für jeden Ablauf unerläßlich ist, wird das Thema des siebten Kapitels sein.

Treffen Sie in bezug auf den Zeitpunkt der Einführung eine sorgfältige Entscheidung. Dieser Prozeß erstreckt sich über ein bis zwei Tage, in denen Sie das gesamte Potential des beteiligten Teams und der Geschäftsführung des Unternehmens mobilisieren. Beachten Sie für die Festlegung des richtigen Zeitpunkts **die folgenden drei Rahmenbedingungen:**

1. **Rechnen Sie genügend Zeit** für die Planung und Vorbereitung der Einführung ein. Legen Sie für jede Phase den nötigen Zeitrahmen fest, und rechnen Sie am Ende eine großzügige Reserve für Unvorhergesehenes dazu. Verzichten Sie hingegen darauf, jede einzelne Phase um eine Sicherheitsreserve zu verlängern, da Sie sich dadurch zu weit von der Realität entfernen würden. Durch Ihre Berechnung finden Sie den »frühesten möglichen Zeitpunkt«.

2. **Wählen Sie einen für Ihren Markt** wichtigen Zeitraum des Jahres. Ein Produkt, das erfahrungsgemäß zu 80 % im Dezember verkauft wird, im Januar einzuführen macht keinen Sinn. Für viele Produkte bietet das Kalenderjahr mehrere günstige Perioden. Orientieren Sie sich am Verhalten Ihrer Zielgruppe, um den »idealen Zeitraum« zu bestimmen.

3. **Bestimmen Sie auf der Grundlage** des »frühesten möglichen Zeitpunkts« und des »idealen Zeitraums« einen Tag, der auf ein positives, symbolträchtiges Datum für Sie oder Ihr Team fällt. Damit haben Sie alles getan, um das Glück auf Ihre Seite zu bringen.

Begehen Sie den Start mit einem Anlaß, und behalten Sie dieses Datum wie Ihren Hochzeitstag oder den

Gründungstag Ihres Unternehmens in Erinnerung. Denn jede Einführung ist eine Geburt, die in Einklang mit Ihrer Vision zum Fortschritt der menschlichen Entwicklung beiträgt.

IV ... um danach schnell handeln zu können

Bis zu diesem Zeitpunkt haben wir uns für Vorbereitung und Planung die nötige Zeit genommen. Doch für die Umsetzung muß es nun schnell gehen. Von dem Moment an, wo Sie aktiv auf dem Markt auftreten, dürfen Sie keine Zeit mehr verlieren. Die Kunden, die durch die Presse oder Ihre schriftlichen Mitteilungen informiert sind, werden langsam ungeduldig. Die Wiederverkäufer und die Verteiler wollen nicht länger warten, und jeder will als erster beliefert werden. Auch die Konkurrenz schläft nicht und wird rasch handeln, um eventuell vorhandene Schwächen in Ihrem Konzept auszunutzen.
Setzen Sie jetzt die während der Planung entwickelten Instrumente ein. Durch Ihre Vorbereitungsphasen haben Sie genügend Vertrauen und Sicherheit gewonnen, so daß Sie nun vom Erfolg Ihres Vorhabens überzeugt sind. In diesem Stadium müssen alle Zweifel am Gelingen des Projekts ausgeräumt werden, da solche Gedanken unbewußt die Erfolgschancen mindern.

Wie eine Gruppe von Bergsteigern müssen Sie sich aufeinander verlassen können, von Ihrem Vorhaben

überzeugt bleiben und gemeinsam den Gipfel erreichen wollen, die Spitze der Pyramide, das höchste Ziel, für Ihre Vision für das Projekt oder für das Unternehmen steht.
Halten Sie sich für diese Phase in Ihren Terminkalendern genügend Zeit frei. Sie werden oft kurzfristig eingreifen müssen, und vierzig Stunden pro Woche reichen dafür vielleicht nicht aus. Aus diesem Grund ist es auch unbedingt notwendig, die Arbeitslast pro Mitarbeiter durch gute Planung zu beschränken, um Überlastungen im Verlauf der verschiedenen Kampagnen zu verhindern.

Persönliche Konflikte innerhalb einer Gruppe müssen ausgeräumt werden, damit die Leistungsfähigkeit nicht beeinträchtigt wird, ähnlich wie auf einem Segelschiff, wo jeder genau weiß, welches seine Aufgaben sind und welcher Kurs verfolgt werden soll. Die Informationen müssen ungehindert zirkulieren, und jeder muß sich bewußt sein, was für den anderen wichtig ist. Wenn aus taktischen Gründen eine Kursänderung vorgenommen wird, muß sich jeder sofort entsprechend anpassen.

Man sagt, daß die Grenzen des Menschen dort liegen, wo er sie sich selbst setzt. Tatsächlich können diese Grenzen mit Hilfe der im ersten Teil dieses Buches beschriebenen Mittel überwunden werden. In Extremfällen können sie sogar fast unendlich weit ausgedehnt werden. Ermöglichen Sie aber jedem einzelnen, seine eigenen Grenzen ohne Bewertungen und Druck selbst zu entdecken, und geben Sie ihm die Möglichkeit, sie zu überwinden. Die zusätzliche Motivation durch die Gruppe und der Wille, das Ziel zu erreichen, werden das übrige dazu beitragen, daß jeder automatisch über sich hinauswachsen kann.

All das darf Sie aber nicht aus dem inneren Gleichgewicht bringen. Die tägliche Meditation, der Austausch unter den Teilnehmern, die Erholung, die Ablenkung etc. sind weiterhin von großer Bedeutung. Extreme Anspannung oder Müdigkeit ist der Kreativität, der Spontaneität und der geistigen Beweglichkeit nicht förderlich. Auch wenn Ihr Tag zwölf oder vierzehn Stunden hat: Zentrieren Sie sich und bauen Sie durch bewußtes Loslassen alle Spannungen ab.

V Begleitung durch Coaching

In vielen Fällen sind die Mitarbeiter bei der Umsetzung auf sich alleine gestellt. Geben Sie dem Team, das mit der Umsetzung betraut ist, und allen andern Mitarbeiter an der Front solide Unterstützung durch einen sogenannten Coach (intern oder extern). Am besten handelt es sich dabei um den Verantwortlichen der vorangegangenen Ausbildung.

Coaching, ein Konzept, das ursprünglich aus dem Sport kommt, wird für Unternehmen immer wichtiger. Darunter

versteht man Maßnahmen, die von einem Vorgesetzten oder einem Ausbildner zur Unterstützung der Mitarbeiter getroffen werden, damit diese sich weiterentwickeln und ihre Kenntnisse möglichst effizient nutzen können. Man strebt also danach, die Leistung des Mitarbeiters zu erhöhen und ihm zu ermöglichen, seine eigenen Grenzen zu überschreiten, indem man ihn punktuell unterstützt.
Beim Coaching geht es nicht um Anweisungen. Der Coach begleitet den Mitarbeiter bei seinem Vorgehen, ohne dabei allerdings gleich seinen Platz zu übernehmen. Das folgende Beispiel für einen Problemlösungsprozeß zeigt, wie Sie als Coach einen Mitarbeiter begleiten können.

1. **Definition des Problems:** Das Problem entspricht der Differenz zwischen der angestrebten und der tatsächlichen Situation. In der Alltagssprache wird denn der Begriff "Problem" auch oft falsch verwendet. Es ist sinnvoll, die angestrebte und die tatsächliche Situation zunächst genau zu definieren, um dadurch in der Lage zu sein, das wahre Problem bestimmen zu können. Der Coach hilft dabei, das wahre Problem zu identifizieren.

2. **Ursachenforschung:** Der Mitarbeiter erstellt eine Liste aller möglichen Ursachen, die er durch Beobachtung, aktives Zuhören und/oder kreative Methoden bestimmt, faßt sie zusammen, gewichtet sie, wählt die Hauptursachen aus und benutzt sie von nun an als Indikatoren. Der Coach hilft bei der Entwicklung von Methoden zur Suche nach den wahren Ursachen.

3. **Definition der Ziele:** Der Mitarbeiter erstellt eine Liste der qualitativen und quantitativen Ziele in kurz-, mittel- und langfristiger Hinsicht. Der Coach und der Mitarbeiter diskutieren über die Ziele und nehmen gemeinsam eine Bewertung vor.

4. **Planung:** Der Mitarbeiter entwickelt kreative Ideen und Alternativen und entwirft Strategien für die Umsetzung der verschiedenen Varianten. Der Coach unterstützt ihn bei seiner kreativen Suche, und gemeinsam bewerten sie die möglichen Strategien.

5. **Entscheidung:** Der Mitarbeiter bestimmt die Kriterien, mit denen die Alternativen gegeneinander abgewogen werden. Er vergleicht sie, untersucht die Risiken bei der Umsetzung und schlägt eine Variante vor. Der Coach überprüft die Kriterien, und gemeinsam bewerten sie die getroffene Wahl.

6. **Umsetzung:** Der Mitarbeiter setzt die ausgewählte Variante um und prüft die Resultate. Der Coach begleitet, greift gegebenenfalls punktuell ein und schlägt Korrekturmaßnahmen vor.

7. **Kontrolle:** Der Mitarbeiter überprüft selbst jede Etappe in bezug auf die bestimmten Indikatoren und Ziele. Er überwacht somit sein eigenes Kontrollinstrumentarium. Der Coach bespricht die Ergebnisse regelmäßig mit dem Mitarbeiter. Falls wieder Abweichungen auftreten, begleitet er ihn erneut von der ersten Phase an durch den Prozeß.

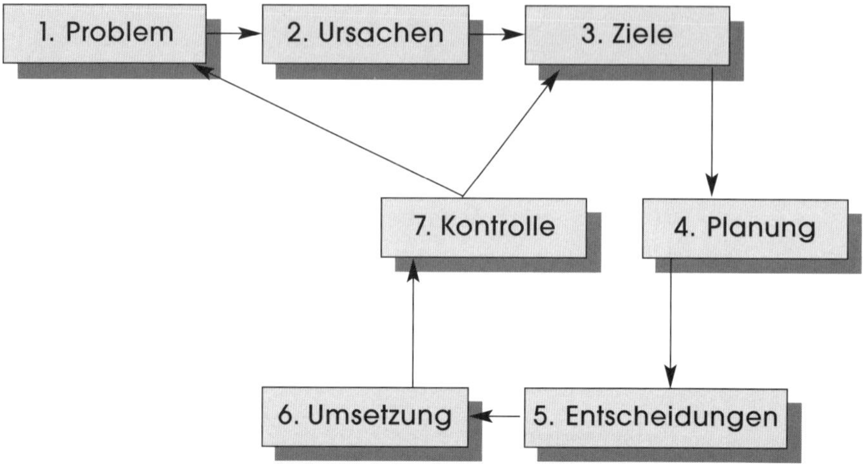

Der um Coaching erweiterte Management-Kreislauf

Das bekannte Konzept des Management-Kreislaufs umfaßt die Schritte 3. bis 7. In der obigen Abbildung wurde der Kreislauf durch die Schritte 1. und 2. erweitert. Der Schlagschatten hinter jedem Kästchen symbolisiert die Begleitung, das kontinuierliche Coaching.

Ein Mitarbeiter, der mehrmals begleitet wurde, gewinnt immer mehr Sicherheit bei der Umsetzung, wird unabhängig und benötigt keine externe Unterstützung mehr. In gewissen Fällen, deren Umsetzung komplexer ist, ist eine fortgesetzte Begleitung (Coaching) notwendig.

Obwohl sich das angeführte Beispiel auf den Mitarbeiter bezieht, ist Coaching natürlich auch für den Vorgesetzten unerläßlich. Der Vorgesetzte braucht für die Geschäftsführung sachliche, taktische und zwischenmenschliche Kompetenz. Nur wenige Menschen besitzen alle diese Fähigkeiten. Außerdem muß der Vorgesetzte auch in jeder Situation mit gutem Beispiel vorangehen und eine starke Persönlichkeit haben.
Dem Vorgesetzten mangelt es oft an der einen oder anderen Fähigkeit, und wie jeder andere ist auch er auf Unterstützung angewiesen, um seinen Horizont zu erweitern.
Deshalb ist das Coaching des Vorgesetzten eine Schlüsselaufgabe für jede Organisation und ist in den Unternehmen auch immer stärker verbreitet. Idealerweise verfügt der mit dieser Aufgabe beauftragte Coach über große Erfahrung. Dank seines Abstands zum Unternehmen kann er gewisse Situationen besser verstehen. Durch Gespräche mit einer neutralen Person kann der Vorgesetzte viele Informationen sammeln und sein Verhalten und seine Interventionen entsprechend anpassen. So wird er dazulernen und viele positive Erfahrungen gewinnen.

Die Kontrolle

Das Wort »Kontrolle« weckt in unserem Sprachgebrauch negative Assoziationen und wird oft mit Fehlersuche, Schuldzuweisung und Bestrafung in Verbindung gebracht. Auch die Korrektur von Fehlern wird zum Bereich der Kontrolle gezählt.

Woher kommt diese Auslegung? Hier einige mögliche Antworten:

- Hält die Polizei bei einer Geschwindigkeitskontrolle diejenigen Autos an, die sich an die Tempolimiten gehalten haben? Werden die korrekten Lenker für ihr Verhalten gelobt?
- Wer wird dafür verantwortlich gemacht, wenn eine Kassiererin im Warenhaus einen Fehlbetrag in ihrer Kasse verzeichnet?
- In der Schule erleben wir von Kindesbeinen an, daß

uns die Lehrer nach unseren Fehlern bewerten und bestrafen. Eine Ausnahme bilden hier die amerikanischen Schulen, wo die Lehrer prüfen, was korrekt ist, und für richtige Anworten Punkte geben!

Gemäß Duden bedeutet »Kontrolle«: »dauernde Überwachung, Aufsicht, der jemand oder etwas untersteht; Überprüfung, der jemand oder etwas unterzogen wird«. Wie wir sehen, geht es in dieser Definition weder um Fehlersuche noch um Schuldzuweisung oder Bestrafung, alles Elemente, die wir normalerweise der Kontrolle zuschreiben. Die Kontrolle ist also in Wahrheit eine neutrale Maßnahme, die uns dabei hilft, das Unternehmen in Kenntnis der Sachlage zu leiten, ohne dabei nach einem Schuldigen zu fahnden. Wenn wir am Steuer eines Autos sitzen, achten wir immer auch auf das Armaturenbrett, das uns mitteilt, ob der Motor normal läuft. Wenn das Kontrollicht der Ölanzeige aufleuchtet, füllen wir Öl nach, bevor der Motor ausfällt, und wir überprüfen, ob der Ölmangel auf ein Leck oder auf den normalen Verbrauch zurückzuführen ist. Wenn wir ein Leck finden, reparieren wir es, ohne deswegen gleich auf den ganzen Motor oder auf das ganze Auto zu schimpfen.

I Das Kontrollinstrumentarium

In diesem Sinne entspricht das Kontrollinstrumentarium eines Unternehmens dem Armaturenbrett eines Autos.

Wir müssen die zentralen Elemente im Auge behalten, die es uns ermöglichen, erfolgreich zu agieren und Klippen zu umschiffen. Die Überwachung des Kontrollinstrumentariums wird oft den Abteilungen Buchhaltung und Controlling überlassen. Bei der operativen Umsetzung eines Marktbearbeitungsprogramms brauchen wir jedoch ein eigenes Kontrollinstrumentarium.

Das Kontrollinstrumentarium muß bestimmte, für Ihr Unternehmen entscheidende Kennzahlen anzeigen, die Sie über den Lauf des Tagesgeschäfts und die Ergebnisse Ihrer Marktbearbeitungsprogramme informieren. Mit Hilfe dieser Kennzahlen müssen Sie in der Lage sein, zu erkennen, wo es Probleme oder Engpässe gibt und wer welche Unterstützung benötigt. Verkaufsergebnisse alleine reichen dafür nicht aus.

Kennzahlen der Sparte »Ergebnisse«:

- Finanzielles Resultat über einen bestimmten Zeitraum;
- Umsatz- und Absatzzahlen pro Zeiteinheit (Tag, Woche, Monat);
- Anteiliger Umsatz (pro Quadratmeter, pro Verkäufer, pro Bestellung etc.);
- Verkauf in Einheiten (Stückzahl, Quadratmeter etc.); etc.

Kennzahlen der Sparte »Marktbearbeitung«:

- Anzahl der aktiven und passiven telefonischen Kontakte (pro Abteilung, pro Verkäufer etc.);

- Anzahl der Besuche pro Außendienstmitarbeiter;
- Wirksamkeit der Kontakte (pro Abteilung, pro Außendienstmitarbeiter etc.);
- Kennzahlen in bezug auf den Erfolg neu eingeführter Produkte;
- etc.

Ergänzende Kennzahlen:

- Anzahl der finanziellen Beschwerden (im Verhältnis zum Umsatz, zum Bestellungsvolumen etc.);
- Andere Kundenbeschwerden, Ursachen für interne Ausschussproduktion und Fehler etc.;
- Abwesenheitsrate der Mitarbeiter (mit Erfassung der Gründe);
- etc.

Verlangen Sie von Ihren Mitarbeitern nicht, umfangreiche Statistiken anzulegen. Führen Sie ein Kontrollinstrumentarium mit wenigen Kennzahlen, deren Entwicklung Sie täglich verfolgen. Fordern Sie alle Beteiligten auf, die Zahlen zu verfolgen, denn diese Orientierungshilfe ist nicht nur für die Geschäftsführung bestimmt. Jeder muß sich mit den Ergebnissen identifizieren, die laufend mit den Zielen verglichen werden.

II Die Würdigung des Erfolgs

Motivieren Sie Ihr Team, indem Sie ihm zu guten Ergebnissen gratulieren. Erkundigen Sie sich, wie diese guten Leistungen erreicht wurden. Wenn ein Team Erfolg hat und sich darüber freuen darf, wird eine Aufwärtsspirale in Gang gesetzt, und die Ergebnisse werden sich noch stärker verbessern.

Bauen Sie eine Gewinnermentalität, eine erfolgsorientierte Stimmung auf, und sorgen Sie für eine Gesprächskultur, in der neben Problemen auch gelungene Aktionen Erwähnung finden. Ich hatte schon sehr häufig mit Unternehmen zu tun, bei denen nur Fehler und schwache Leistungen der Mitarbeiter erwähnt werden. Eine solche Gesprächskultur schürt Ängste und löst eine Abwärtsspirale aus.

III Die Ursachenforschung

Wenn Sie Ihr Kontrollinstrumentarium auf Zahlen im roten Bereich hinweist, müssen Sie handeln – doch was genau ist zu tun?

Normalerweise wenden sich die Verantwortlichen in diesem Fall an die Mitarbeiter und fragen sie nach den Ursachen für diese Entwicklung (wenn die Zahlen alle erfreulich sind, ist dies natürlich das Verdienst des Verantwortlichen ...). Die Mitarbeiter werden daraufhin auf äußere Faktoren hinweisen, die das Gelingen verhindert hätten. Oft werden sie sich als Opfer darstellen und die Situation, das Umfeld, den Wechselkurs, die Konkurrenz, die veränderten Konsumgewohnheiten, die Kollegen, die Produktion etc. dafür verantwortlich machen.

Dazu eine kleine Analogie: Wenn ein Fußball nicht hart genug aufgepumpt ist, wird sicher niemand behaupten, der Außendruck sei zu hoch. Wir würden uns dafür entscheiden, ihn aufzupumpen, damit er dem Außendruck besser standhalten kann.
Erstaunlicherweise wird bei Unternehmen oft vergessen, »den Ball aufzupumpen«. Statt dessen wird die Schuld auf den Außendruck geschoben. Wenn wir dem Druck unseres Umfelds standhalten wollen, müssen wir dazu unsere Verhaltensweisen entsprechend verändern.

Die Selbstkritik

Natürlich ist es einfacher, die Schwächen der anderen zu entdecken, als seine eigenen.
Suchen Sie dennoch zuerst bei sich selbst, bevor Sie sich über eine andere Person oder ein Team beschweren. Welcher Teil der Verantwortung für das jeweilige Problem geht auf Ihr Konto? Wie haben Sie die Situation durch Ihr Verhalten und Ihre Handlungsweise beeinflußt? Was haben Sie unternommen, um das Entstehen dieser Situation zu verhindern und das Problem zu vermeiden?
Diese Fragen verlangen nach Antworten. Klären Sie sie,

bevor Sie Anschuldigungen machen.

Im Problemfall können Sie folgendermaßen vorgehen:

1. Beruhigen Sie sich zuerst, und handeln Sie mit klarem Kopf.
2. Denken Sie über Ihre Rolle nach, und suchen Sie nach Ursachen.
3. Erklären Sie der anderen Partei das Problem in aller Ruhe.
4. Erzählen Sie Ihrem Gesprächspartner auch von den Erkenntnissen Ihrer Selbstkritik.
5. Bitten Sie die andere Partei, ihre Gedanken zu äußern.
6. Erzielen Sie eine Einigung.
7. Stellen Sie zusammen einen Plan zur Lösung des Problems auf.

Auf der Grundlage dieses Vorgehens und unter Anwendung der Regeln der Kommunikation und des Feedback können Sie und Ihre Partner den Bereich der »Arena« vergrößern (siehe Kapitel 4). Überlegen Sie also sorgfältig, bevor Sie vorschnelle oder unüberlegte Anschuldigungen machen. Arbeiten Sie an Ihrer Fähigkeit zur Selbstbeobachtung, forschen Sie zunächst bei sich selbst nach möglichen Ursachen, und suchen Sie erst danach das Gespräch mit der betroffenen Person oder Gruppe.

Die Veränderung

Um die »Arena« weiter vergrößern zu können, müssen sich die Geschäftsführung und die Mitarbeiter der Sachlage bewußt sein. Nur ein von seiner Handlungsfähigkeit überzeugtes Team kann bestehen, wenn der Außendruck zunimmt. Folgende Kriterien müssen deshalb geprüft werden:

- Teilen alle dieselbe Vision?
- Ist der Entwicklungsprozeß des Teams so weit fortgeschritten, daß es mit optimaler Leistung arbeiten kann (siehe Kapitel 4)?
- Hat die Gruppe die Einstellung, daß ein Team jederzeit alles erreichen kann?
- Ist jeder einzelne davon überzeugt, daß ein Team den Lauf der Dinge beeinflussen kann?
- Ist das Team mehr als die Summe der einzelnen? Gilt das Motto »Einigkeit macht stark«?

Ein negatives Ergebnis kann man mit einer Krankheit vergleichen. Viele Menschen nehmen Medikamente oder gehen zum Arzt, wenn sie krank sind, ohne sich große Gedanken zu machen. Es wurde aber bereits mehrfach aufgezeigt, daß die Ursachen der meisten körperlichen Erkrankungen im psychischen Bereich liegen (psychosomatische, auf den Beziehungen zwischen Körper und

Seele beruhende Krankheiten). So verursachen zum Beispiel Streß, Trauer, Angst, Wut, Unsicherheit etc. auf die Dauer körperliche Störungen. Fragen Sie sich, wenn Sie krank sind, was Ihnen diese Krankheit sagen will. Wenn Sie etwas in sich hineinhören, werden Sie vielleicht die Ursachen für Ihre Kopfschmerzen, Ihren Schnupfen oder Ihre Rückenbeschwerden finden. Es gibt auch einige Bücher, die sich mit den wahrscheinlichen Ursachen befassen und die Verblüffendes offenbaren. (In diesem Zusammenhang empfehle ich Ihnen das Buch »Heile deinen Körper« von Louise L. Hay.)

Was für den Menschen gilt, trifft auch für das Unternehmen zu. Zahlreiche Unternehmen verlassen sich auf rationale Erklärungen und ignorieren die emotionalen Ursachen. Häufig ist eine emotionale Störung (des Teams, einzelner Personen, der geistigen Einstellung) der Auslöser eines Problems, während die Führungskräfte die Ursachen im rationalen Bereich orten wollen.

Stellen Sie sich die Frage nach der »Krankheit« Ihres Unternehmens. Suchen Sie bei kleinen Unregelmäßigkeiten nicht zu weit, aber beobachten und untersuchen Sie die Ursachen wiederholt auftretender Störungen. Warten Sie nicht zu, bis sich die Situation zu stark verschlechtert hat. Hinterfragen Sie sich kritisch, beobachten Sie, hören Sie aktiv zu, behalten Sie Ihr Kontrollinstrumentarium im Auge, und stellen Sie sich Ihr eigenes Puzzle zusammen, indem Sie sich das vollständige Bild vorstellen und jede neue Information als fehlendes Teil des Gesamtbilds interpretieren.

IV Abschluß und Neustart

Erarbeiten Sie für jedes größere Problem einen Aktionsplan, der sich an der Vision orientiert, und entwickeln Sie eine Problemlösungsstrategie. Erstellen Sie eine detaillierte Planung, und nehmen Sie bei Ihrem Projekt die notwendigen Veränderungen vor.
Vergessen Sie dabei die andere Seite der Pyramide nicht, die Sensibilisierung, die Gruppenarbeit und die individuelle Arbeit, die Aufgaben und das höchste Ziel des Unternehmens. Handeln Sie rasch, denn nur schon ein Zögern von wenigen Wochen kann die rechtzeitige Anbringung der notwendigen Korrekturen verunmöglichen. Schließen Sie an den Aktionsplan eine Kontrollphase an, um die angestrebte Verbesserung sicherzustellen.

Wenn Ihr Vorhaben gute Fortschritte macht, nehmen Sie sich etwas Zeit für sich und Ihr Umfeld. Geben Sie auch Ihrem Team die Gelegenheit, einmal tief durchzuatmen. Betrachten Sie diese Zeit wie einen Sonntag, und nutzen Sie sie für eine Aktivität, aus der Sie Kraft schöpfen können. Lassen Sie sich während dieser Erholungsphase inspirieren, und machen Sie sich Gedanken über Ihr nächstes großes Projekt, den nächsten Schritt auf Ihrem Weg zu Ihrem höchsten Ziel.

Falls Ihre bisherige Tätigkeit von erfreulichen finanziellen Ergebnissen geprägt war, lassen Sie dieses Geld nicht einfach liegen. Geld, das auf ehrliche Weise und im Hinblick auf die Erreichung eines höheren Ziels verdient wurde, muß in Umlauf gebracht werden. Alle, die am Erfolg beteiligt waren, müssen für Ihre Arbeit belohnt werden: die Mitglieder der Projektgruppe, die Geldgeber, die Verantwortlichen, die Kunden etc.

Geld ist eine neutrale, für weitere Projekte unerläßliche Energie. Setzen Sie Ihre Ressourcen umsichtig ein, und vermeiden Sie Verschwendung. Seien Sie sich bewußt, daß Ihre finanziellen Mittel auch versiegen können, denn Ihre Erfolge und Einnahmen sind nicht garantiert. Geben Sie nur Geld aus, das Sie wirklich schon verdient haben. Erhalten Sie sich Ihre Unabhängigkeit, und legen Sie die Rolle Ihrer Geldgeber eindeutig fest.

Nehmen Sie zusammen mit Ihrem erfolgreichen Team ein weiteres wichtiges Projekt in Angriff. Nutzen Sie die bestehende Grundlage, um mit Entschlossenheit, in Harmonie und im Dienst Ihres höchsten Ziels eine neue Idee zu verwirklichen.

V Schlußfolgerung

Haben Sie durch dieses Buch erkannt, ob Ihre gegenwärtige Tätigkeit mit Ihrem höchsten Ziel in Einklang steht? Bewegen Sie sich in einem für positive Entwicklungen günstigen Umfeld?

Wir sind selbst für unser Leben verantwortlich. Der Mensch setzt sich meiner Meinung nach seine eigenen Grenzen. Diese existieren solange, wie wir an sie glauben, was mir erstmals ein Erlebnis vor über 15 Jahren zeigte. Ich half damals bei der Organisation eines Kommunikationsseminars, und meine Aufgabe war es, die genaue Zahl der Teilnehmer festzustellen. Es waren etwa 250 Leute da, zufällig über den ganzen Saal verstreut. Es gelang mir einfach nicht, sie zu zählen. Nach etwa zwanzig Versuchen, die alle zu verschiedenen Ergebnissen führten, erklärte ich dem Verantwortlichen, es sei unmöglich. Er hörte mir zu und antwortete: »Du kannst es schaffen. Mach es gleich beim ersten Versuch richtig.« Er sagte es mit einer Bestimmtheit, die keinen Platz für Zweifel ließ. Also nahm ich einen neuen Anlauf und kam bei meiner ersten Zählung auf 267 – eine Zahl, die sich beim zweiten Mal bestätigte!
Ich weiß nicht, ob diese Zahl wirklich stimmte, aber für mich gab es damals keinen Zweifel. Ich hatte zweimal gezählt und zweimal dasselbe Resultat erhalten. Mir wurde bewußt, daß ich mir selbst Grenzen gesetzt hatte, weil ich Angst hatte, die genaue Zahl nicht bestimmen zu können. Dieses einfache Beispiel zeigt, daß es in vielen Situationen möglich ist, innere Blockaden zu überwinden. Haben Sie auch schon ähnliche Situationen erlebt? Die Einstellung machte den Unterschied. Finden Sie heraus, weshalb Sie Ihr Leben nicht vollständig ausfüllt. Was müssen Sie in Ihrem Leben ändern, um ganz im Dienst Ihrer höheren Ideale zu stehen?

Jeder muß nach seinem höchsten Ziel suchen. Meine Erfahrung sagt mir, daß es keine richtigen oder falschen Lösungen gibt. Jede Ihrer Antworten ist richtig. Auch werden sich Ihre Wertvorstellungen im Lauf der Zeit wahrscheinlich verändern. Im letzten Teil dieses Buches möchte ich Ihnen von den Ergebnissen meiner Suche erzählen, und hoffe, daß Sie dadurch eigene Erkenntnisse gewinnen werden.

Epilog

I Die Liebe

Wie könnte ich ein solches Buch schreiben, ohne die Werte zu erwähnen, die für mich gleichzeitig wahr, rein und bereichernd sind!

Die Liebe verbindet die Welt. Sie heilt Wunden und führt uns zusammen. Die Liebe ist universell, sie lebt auf der ganzen Welt. Wo Liebe herrscht, gibt es weder Trennung noch Haß. Neben ihr haben Verurteilungen, Rassismus oder Krieg keinen Platz. Die Liebe läßt uns miteinander sprechen und gibt unserem Leben einen wahren Sinn.

»Du sollst deinen Nächsten lieben wie dich selbst«, heißt es in der Bibel. Ich fühlte mich lange nicht wohl in meiner Haut, weder körperlich noch seelisch. Unter anderem war ich übergewichtig, und ich litt unter mangelndem Selbstvertrauen. Die Tatsache, daß ich mich selbst nicht liebte, hinderte mich daran, anderen Menschen Liebe entgegenzubringen. Nach und nach wurde mir bewußt, daß ich beginnen mußte, mich so zu mögen, wie ich war, Selbstachtung zu empfinden und jegliche Schuldgefühle zu vermeiden. Gleichzeitig wollte ich durch Willenskraft und kontinuierliche Arbeit mein unausgeschöpftes Potential entwickeln. Die bedingungslose Liebe, die ich von meinem Umfeld empfangen durfte, half mir endgültig, mich zu akzeptieren, so daß es mir heute möglich ist, diese Liebe auszustrahlen und weiterzugeben.

Auf meinem Weg gelang es mir mit der Zeit, zu lieben, ohne berechnend zu sein, und Unterschiede zu respektieren, ohne mir ein Urteil anzumaßen. Ich lernte, mich rücksichtsvoll auszudrücken und Feedback ohne Hintergedanken zu geben. Ich spürte, daß ich, wenn ich mich von Ruhe und Liebe leiten ließ, Schranken abbauen konnte und daß meine Botschaft bei meinem Gesprächspartner ankam, auch wenn ich es ihm natürlich freistellte, meine Äußerungen anzunehmen oder abzulehnen. Auch um mich selbst lieben zu können, muß ich diese Anforderungen erfüllen.

Zu meiner Überraschung wurde mir jedesmal, wenn ich meinem Umfeld bedingungslose Liebe gab, ebenfalls Liebe entgegengebracht. Wenn ich liebte, ohne etwas damit erreichen zu wollen, erhielt ich viel zurück. Wenn ich dagegen etwas für meine Liebe erwartete, erhielt ich gar nichts.

Es kommt immer noch häufig vor, daß ich überrumpelt werde, meine positive Einstellung vergesse und mein Gegenüber verurteile, ihm die Schuld für etwas gebe und ihn nicht respektiere. Ich weiß heute, daß ich diese gelegentliche Fehlverhalten meinerseits akzeptieren muß, ohne mir deswegen Vorwürfe zu machen. Aber meine Absicht bleibt klar, und ich rufe sie mir jeden Tag in Erinnerung: Ich will bedingungslose und unbeschränkte Liebe an die Menschen geben, mit denen ich zu tun habe.

Ich habe auf meinem Weg auch erkannt, daß Gott uns grenzenlos und urteilsfrei liebt und uns gleichzeitig unsere eigenen Entscheidungen treffen läßt. Seine Liebe ist bedingungslos und unbeschränkt. Gott verlangt dafür keine Gegenleistung, nicht einmal ein Dankeschön, denn er verkörpert die reinste Liebe!

Die Liebe ist das größte und schönste Geschenk, das ich geben und erhalten kann, ohne Einschränkungen und überall auf der Welt, sowohl im Geschäftsleben als auch im Rahmen der Familie oder während der Freizeit – kurz gesagt, auf meinem ganzen Weg.

Nachfolgend ein Gebet um die Liebe zu entfalten:

Die Liebe ist mächtig

Die Liebe ist reich, in der Liebe ist alles,
die Liebe ist mein ein und alles, das ich anstrebe,
dem ich diene und durch dessen Licht ich strahlen will.
Ich, (Name), gelobe jetzt und immerdar, all mein Streben
und all mein Sein im strahlenden Lichte der reinen Wahrheit
der Liebe Gottes zu stellen.

Jeder Gedanke, jede Absicht, jeder Funke
an Emotionalität, all mein Sein richte ich, (Name),
jetzt in die reine wahre Liebe, in die Reinheit der Kraft
allen Seins vibrierend empor.

Ich, (Name), bin jetzt diese reine, wahre Liebe,
in deren Sanftheit und Klarheit sich all mein Sein,
all mein Handeln und all mein Wirken in Liebe,
Harmonie, Sanftheit und Kraft spiegelt.

So sei es! So ist es! OM – Amen.

II Das Licht

Die Flamme einer Kerze strahlt für mich Wärme, Sanftheit, Reinheit, Leben und Licht aus. Sie ist wie eine nie versiegende Quelle der Liebe und des Glücks. Seit ich die Kraft entdeckt habe, die Kerzen ausstrahlen, zünde ich sie immer mit großer Freude an. Ich erlebe dabei einen wunderbaren Augenblick der Harmonie mit der Reinheit der Flamme, der durch nichts auf der Welt getrübt werden kann. Die Kerze symbolisiert für mich die Kraft und Stärke des Lichts.

Am Morgen zünde ich eine Kerze an, um mich auf den Tag einzustimmen. Manchmal habe ich beim Aufstehen das Glück und die Freude, den Sonnenaufgang beobachten zu können. In diesen Momenten habe ich das Gefühl, mich noch stärker zentrieren zu können, da auch die Sonne mit ihrer riesigen Kraft und Stärke im Zentrum unseres Universums steht.

Die Kerze widerspiegelt den Charakter der Sonne, die jeden Tag scheint, und uns Wärme, Leben, Licht und Liebe schenkt. Die Sonne schickt uns ihre Strahlen, ohne sie zu zählen oder ihre Zahl zu beschränken. Sie gleicht Gott sowohl in ihrem Wesen als auch in ihrer Bedeutung.

Das Licht begleitet mich auf all meinen Wegen. In Augenblicken der Unsicherheit, des Zweifels, der Angst oder der Anspannung unterstützt und beruhigt es mich und gibt mir neue Energie. Aber auch in den Momenten der Freude, des Teilens und des Austauschs ist das Licht stets bei mir. Beim Meditieren stelle ich mir das reine göttliche Licht vor, das alles heilt, unterstützt und reinigt, meine Kunden, meine Projekte, meine Angehörigen und mich selbst. Dieses Licht nährt meine innere Flamme, die dadurch unauslöschlich und allgegenwärtig wird. Ich habe entdeckt, daß diese innere Flamme nach und nach beginnt, selbst zu leuchten.

Stellen Sie sich die Leuchtkraft vor, die entstehen würde, wenn die innere Flamme aller Menschen leuchten und in Einklang mit dem göttlichen Licht und der Kraft der Sonne vibrieren würde. Das Licht hebt die menschlichen Grenzen auf, läßt uns wachsen und ermöglicht uns, die wahre göttliche Quelle unseres Lebens zu entdecken.

Dies ist mein Traum der Welt von morgen. Ich stehe im Dienst der Liebe und des Lichts!

Eine einfache Möglichkeit, Licht an die Menschen in seinem Umfeld weiterzugeben, ist ein Lächeln. Den folgenden Text verteilte der Geschäftsführer eines Unternehmens, für das ich ein Seminar durchführte, an seine Mitarbeiter. Ich finde, daß er dieses Thema hervorragend abschließt. Was denken Sie?

Ein Lächeln

Ein Lächeln löst so viel aus.
Es bereichert jene, die es empfangen, und jene,
die es schenken.

Es dauert nur einen Augenblick, aber es bleibt
für immer in Erinnerung.
Niemand ist so reich, daß er es nicht mehr braucht,
niemand so arm, daß er es sich nicht verdienen kann.
Es bringt Freude in die Familie, erleichtert die Geschäfte
und ist ein wunderbares Zeichen der Zuneigung.
Ein Lächeln gibt dem Müden Kraft
und dem Verzweifelten neuen Mut.
Man kann es nicht kaufen, nicht mieten
und nicht stehlen, weil es nichts kostet.
Wenn Sie eines Tages einen Menschen treffen, der nicht
lächeln kann, seien Sie großzügig.
Denn niemand braucht ein Lächeln mehr
als jener, der es nicht schenken kann.
Niemand kann auf die Dauer ohne Lächeln leben.
Verschenken Sie mit Freude
dieses Geschenk, das Sie selbst so brauchen,
und es wird zu Ihnen zurückkommen,
wie ein Sonnenstrahl, der sich in einem Spiegel bricht.

UNBEKANNT

III Die Dankbarkeit

Ich empfinde heute tiefe Dankbarkeit. Vor einigen Jahren habe ich mich auf den Weg der spirituellen Entwicklung gemacht, und dank verschiedener Methoden konnte ich den wahren Sinn meines Lebens, so wie ich ihn heute verstehe, entdecken. Mein Weg wird mich zweifellos zu einem noch besseren Verständnis führen.

Beim Schreiben dieser Zeilen empfinde ich tiefste Dankbarkeit. Die Gedanken in diesem Buch mit anderen Menschen teilen zu können ist für mich wie eine Geburt, eine Geburt, die Ihren Ursprung in der Vereinigung der rationalen Welt des Marketings mit der spirituellen Welt, der Welt der inneren Entwicklung hat – zwei Welten, die der Mensch vergeblich zu trennen versucht! Sie scheinen so verschieden, so gegensätzlich zu sein, doch in Wahrheit sind sie dies überhaupt nicht. Wie kann man etwas trennen oder teilen, das von allem Anfang an vereint war? Der Mensch ist ein einheitliches Ganzes, das von diesem Funken belebt wird, den wir Leben nennen und dem wir alles verdanken.

Lange habe ich mich gefragt, wer ich bin, wohin mein Weg mich führt und weshalb ich hier geboren wurde, wo ich alles hatte, was ich brauchte, während andere gar nichts haben. Wie kann ich dazu beitragen, diese scheinbar so ungerechte Welt zu verbessern?

Ich vergleiche unsere Sicht der Dinge oft mit der Perspektive eines Froschs. Wir sind winzig klein und sehen nur einen unendlich kleinen Teil des Ganzen. Manche spirituellen Lehren glauben an die Unsterblichkeit der

Seele und an ihre Weiterentwicklung durch mehrfache Wiedergeburt. Ist das vielleicht eine mögliche Antwort?

Ich bin absolut überzeugt, daß es einen göttlichen Plan gibt. Dieser Plan ist weise und gerecht für alle, denn seine Schwingungen, seine Vibrationen sind die reine Liebe und das Licht.

Ich bin mir der Geschenke bewußt, die ich erhalten habe, und ich bin dafür dankbar:

- Gesundheit, Kraft, Lebensfreude;
- Nahrung, Wasser, Luft zum Atmen, die Sonne;
- ein Dach über dem Kopf, eine Familie;
- die Schwierigkeiten, an denen ich wachsen kann;
- die Chance, zu lernen, meine geistigen Fähigkeiten;
- die Entdeckung Gottes, der Kraft der Liebe und des Lichts;
- etc.

Ich danke Gott dafür, denn ich glaube, nichts ist für immer garantiert. Vielleicht werde ich ab morgen schon völlig neue Dinge lernen müssen, sei es durch eine schwere Krankheit, eine überraschende Wende in meinem Leben, einen Unfall oder irgendeine andere Veränderung.

Daß ich mir in jedem Augenblick all dieser Geschenke bewußt bin, ist meine Art, mich zu bedanken und selbst anderen Menschen etwas zu geben. Ich bin mir bewußt, daß die vier Elemente Feuer, Luft, Wasser und Erde für uns da sind – wie für einen Obstbaum! Der Baum wandelt Kohlendioxid in Sauerstoff um und nimmt die Energie der Sonne, des Wassers, der Erde und der Luft auf, um uns seine Früchte schenken zu können. Ich bin dankbar für die Nahrung, die ich esse, für die Luft, die ich atme, für das Wasser, das ich trinke, für die Erde, auf der ich gehe, und für die Sonne, die mich wärmt.

Ich danke allen, die sich in den Dienst der Liebe und des Lichts stellen.

Wenn ein kleines Kind zu laufen beginnt,
muß es zuerst ein paar schwankende Schrittchen überstehen,
bevor es sicherer wird.
So wie sein Vertrauen langsam wächst,
so wird auch sein Gang immer sicherer,
und schließlich kann es gehen, ohne zu straucheln.
Es lernt, zu rennen und zu springen.
All das geschieht schrittweise.
Dasselbe gilt für den Glauben :
Man muß ihn Schritt für Schritt aufbauen,
er entsteht nicht auf einen Schlag.
Sei geduldig und bleibe standhaft !

MEDITATION VON ELLEEN CADDY, EDITIONS AMRITA

Bibliographie

Aries Lorenz A.	Verkaufsoptimierung, Gabler Verlag, Wiesbaden, 1998
Caddy Elleen	Editions Amrita, Plazac, 1993
Duden	»Das große Wörterbuch der deutschen Sprache«: in acht Bänden, © Bibliographisches Institut & F.A. Brockhaus AG, Mannheim, 1993
Luft Joseph	From Group Processes An introduction to Group Dynamics, Third Edition by Joseph **Luft.** Copyright © 1984, 1970, 1963 by Joseph **Luft**. Reprinted by permission of Mayfield Publishing Company.
Kälin Karl/ **Müri** Peter	Führen mit Kopf und Herz, Ott Verlag, Thun, 1988
Kühn Richard	Marketing – Analyse und Strategie, TA-Media AG, Zürich, 1994
Reber Heinz	Ecole Romande, Lausanne, 6.1991
Rimpoche Namgyal	La méditation, un sentier vers l'éveil, Diffusion Rive-Nord Inc., Ottawa, 1991
Schalekamp Juanita Maria	Grenzgängerin zwischen den Welten, DEVAS Editions, Réchy, 1998

Weitere empfehlenswerte Bücher

Coelho Paulo — Der Alchimist, Diogenes Verlag, Zürich, 1996

Redfiled James — Die Prophezeiungen von Celestine, Wilhelm Heyne Verlag, München, 1994

Aïvanhov Omraam Mikhaël — Surya-Yoga, Editions Prosveta, Fréjus, 1991

Dürckheim Karlfried Graf — Hara: die Erdmitte des Menschen, Barth, München-Planegg, 1956

Egli René — Das LOL²A-Prinzip, Editions d'Olt, Oetwil a.d.L., 1994

Freitag Erhard F. — Kraftzentrale Unterbewußtsein, Wilhelm Goldmann Verlag, München, 1983

Hay Louise L. — Heile deinen Körper, Verlag Alf Lüchow, Freiburg, 1989

Hill Napoleon — Denke nach und werde reich, Ariston Verlag, Genf, 1990

Rohr Richard, **Ebert** Andreas — Das Enneagramm, Claudius Verlag, München, 1989

Inhalt

Notizen

Notizen

Notizen

Ihre Anregungen und Bemerkungen richten Sie bitte an:

DEVAS Editions S.A.
» Spirituelles Marketing «
CH-3966 Réchy